全国城市轨道运输类专业教学指导委员会规划教材
职业教育·城市轨道交通类专业教材

Chengshi Guidao Jiaotong Piaowu Zuoye
城市轨道交通票务作业

李怡民 **主　编**
丁　楠　丁景利 **副主编**
陈稀临 **主　审**

人民交通出版社股份有限公司
北京

内 容 提 要

本书为全国城市轨道运输类专业教学指导委员会规划教材。主要内容包括城市轨道交通票务系统概述、票卡媒介认知、半自动售票机操作与故障应急处理、自动售票机操作与故障应急处理、自动检票机操作与故障应急处理、车站工作站及辅助设备操作、票务管理。

本书可供高职、中职院校城市轨道交通专业及相关专业教学使用，亦可供行业相关培训、岗前培训选用。

* 本书配有多媒体课件，读者可通过加入职教轨道教学研讨群（教师专业 **QQ 群号 129327355**）索取。

图书在版编目(CIP)数据

城市轨道交通票务作业/李怡民主编. —北京：
人民交通出版社股份有限公司,2020.8
ISBN 978-7-114-13510-1

Ⅰ.①城… Ⅱ.①李… Ⅲ.①城市铁路—旅客运输—售票—管理—高等职业教育—教材 Ⅳ.①U239.5

中国版本图书馆 CIP 数据核字(2016)第 291141 号

全国城市轨道运输类专业教学指导委员会规划教材
职业教育·城市轨道交通类专业教材

书　　　名：	**城市轨道交通票务作业**
著 作 者：	李怡民
责任编辑：	袁　方　钱　堃
责任校对：	刘　芹
责任印制：	刘高彤
出版发行：	人民交通出版社股份有限公司
地　　址：	(100011)北京市朝阳区安定门外外馆斜街 3 号
网　　址：	http://www.ccpcl.com.cn
销售电话：	(010)59757973
总 经 销：	人民交通出版社股份有限公司
经　　销：	各地新华书店
印　　刷：	北京虎彩文化传播有限公司
开　　本：	787×1092 1/16
印　　张：	11.75
字　　数：	292 千
版　　次：	2020 年 8 月　第 1 版
印　　次：	2020 年 8 月　第 1 次印刷
书　　号：	ISBN 978-7-114-13510-1
定　　价：	38.00 元

(有印刷、装订质量问题的图书由本公司负责调换)

PREFACE 前言

随着我国城市化进程的加快，城市交通拥堵问题日益严重，大力发展城市轨道交通已经成为解决城市交通问题的重要手段。城市轨道交通行业需要大量的既懂理论知识又能熟练实操的城市轨道交通各类专业人才充实到运营一线。票务作业作为城市轨道交通运营管理专业的关键业务之一，票务员对其掌握程度和办理能力直接关系到车站日常管理水平与服务质量。如何高质量、规模化培养出理论知识扎实、实际应用水平高的票务员成为一个重要课题，而编写科学、实用的教材是培养高素质城市轨道交通人才的前提和保证。

本书依据轨道交通运营管理专业岗位需求、学生的认知规律，融合教师的教学积累，结合票务工作对职业技能的要求，构建了相应的理论知识体系与实践任务模块。经过与轨道交通运营公司专家深入、细致、系统地分析，本书最终确定了七个模块、二十七个任务，比较全面地介绍了城市轨道交通票务作业的主要内容，包括自动售检票系统终端设备的结构组成、主要技术性能、作用和操作流程以及日常维护和故障处理流程，城市轨道交通票务系统的业务管理组成部分，城市轨道交通车站工作站及辅助设备操作，城市轨道交通特殊情况下票务应急处理等。

为了使学生掌握运营管理专业岗位相关票务工作任务和技能，培养学生实际动手能力，从而使学生能够适应相关岗位的票务工作要求，本书的编写遵循了以下原则：

（1）以工作任务为中心来组织内容，依据来自企业现场的实际调查与分析而编写。

（2）注重实用性、操作性、实践性，紧密结合城市轨道交通车站各岗位的实际工作内容。

（3）围绕满足岗位需要的基本实践技能来优化教学内容，设置实用性强的实训任务贯穿教材始终，着力提高学生的学习兴趣和积极性。

（4）以培养学生职业素养为主线，提高学生分析问题和解决问题的能力。

本书可作为职业院校城市轨道交通运营管理专业的教学用书，也可作为从事城市轨道交通运营管理专业相关岗位人员的参考资料和培训用书。

本书的编写采取了校企合作的方式，得到了北京地铁运营有限公司、宁波市轨道交通集团有限公司等单位的大力支持。全书由北京交通运输职业学院李怡民担任主编，北京交通运输职业学院丁楠、丁景利担任副主编，北京地铁运营有限公司陈稀临担任主审。全书编写分工：李怡民负责编写模块一至模块三，丁楠负责编写模块四、模块五，丁景利负责编写模块六、模块七。本书引用了大量国内外作者的相关文献，在此谨向有关作者、专家及部门致以衷心的感谢！

由于编者水平有限，书中难免存在不足之处，敬请读者批评指正。

编 者
2020 年 5 月

模块一　城市轨道交通票务系统概述

问题导学

某高职学校新生小美就读于城市轨道交通运营管理专业,刚入学的她对一切新鲜事物都充满了好奇。虽然以前她经常乘坐地铁,却从未对地铁相关问题思考与研究,如城市轨道交通运营管理专业在地铁运营中起着怎样的作用?票务系统是如何运作才使得如此庞大的客流能够在小小的一个地方有条不紊地来来往往?她以后要做的工作是怎样的?

本模块将介绍国内外城市轨道交通票务系统的发展历程、票务系统运营管理以及自动售检票系统的架构、设备配置与布局等。

学习目标

1. 了解城市轨道交通票务系统发展现状;
2. 了解城市轨道交通票务系统的业务管理与实施;
3. 了解自动售检票系统基本架构;
4. 识别自动售检票系统设备;
5. 了解自动售检票系统的配置与布局。

任务一　城市轨道交通票务系统认知

相关知识

一、国内外城市轨道交通票务系统发展状况

与传统的交通工具不同,城市轨道交通是自动化程度高,也是效率较高的城市交通工具。城市轨道交通的最大特点就是客运量大。面对庞大的客运量,传统的纸质车票和检票方式已经远远不能满足客运要求,而法国早在1973年就开始启用自动检票系统,如图1-1所示。

目前,城市轨道交通票务系统已发展为自动化程度高、功能完备的自动售检票系统(Automatic Fare Collection System,AFC)。从城市轨道交通建设费用组成来看,自动售检票系统只是整个工程中很小的一个部分,但从功能角色来看,自动售检票系统却是保证城市轨道交通正常运营的支

图1-1　巴黎地铁自动检票口

撑系统之一。

城市轨道交通票务系统主要有印制纸票人工售检票系统、印制纸票半自动售检票系统、一次性磁票自动售检票系统、重复使用磁票售检票系统、接触式智能卡自动售检票系统、非接触式智能卡自动售检票系统等。本模块将以几个典型城市为例，介绍城市轨道交通票务系统的发展。

1. 莫斯科

1996年，莫斯科地铁全面安装自动售检票系统。1997年，第一代磁卡车票应用于自动售检票系统。莫斯科地铁采用单一票价，车票类型包括单次车票、月票、季票、年票及学生票。

莫斯科地铁布局与地面道路的布局一致，采用了环状与放射状相结合的方式，线路密集、分布均匀，最大限度地覆盖了整个城市区域。莫斯科地铁共有12条线路，包括11条辐射线和1条环行线，全长约330km，近200个车站，4000列地铁列车在地铁线上运行。莫斯科地铁日均开行8500多趟列车，承载全市客运量的45%。

莫斯科地铁计划采用计程票价代替单一票价运价表。整个地铁自动售检票系统模块包括验票软件、车站管理和通信服务器、中央交易处理和报表软件、自动售票机软件（仅为离线）等，其中，自动售检票系统的中央控制系统和报表系统每天可以处理600万人次客流量的售检票和乘客旅程统计分析。莫斯科地铁检票闸机如图1-2所示。

2. 东京

东京地铁是由东京都交通局、东京地下铁两家公司共同营运的，共有56条线路，435个车站，线路总长330km左右，日均客运量将近1600万人次，发达程度居世界前五名。

东京地铁的自动售检票系统采用磁卡票，其票制较多，有单程票、一日票、月票、多次票和储值票等。单程票的有效期为1天，多次票和月票享有优惠，所有票制车票都可灵活使用和换乘。东京地铁系统收益清分统一简捷，东京轨道交通行业的20家地铁和私铁公司等组成一个PASSNET联盟，制定各公司之间的票务清分原则。他们遵循统一的原则，每月结算一次，数据以磁带形式提交给第三方公司统一进行清分处理，各公司根据清分结果自行通过银行划账结算。东京地铁换乘处理灵活，乘客在车站可以购买单程票或换乘联票、月票和储值票等；进出站闸机以常开式双向闸机为主；换乘方式为多种并存，有不出站线路之间换乘，也有出站换乘，还有通过专门通道进行换乘等。进出站采用双向闸机（图1-3），多名乘客可以一次将多张车票投入闸机进行检票，最多可同时识别9张车票。自动售检票机可自助进行退票操作，不收手续费；车站设有较宽敞的残疾人和大件行李通道，自动售检票机上设置有盲文引导系统。

图1-2 莫斯科地铁检票闸机

图1-3 东京地铁检票闸机

3. 北京

北京市城市轨道交通早在1985年就开始进行自动售检票系统的可行性研究，但应用较晚。2003年年底，北京第一套单线自动售检票系统在北京地铁13号线投入使用，这是一套基于磁卡车票的AFC系统，集成商为日本信号公司，系统单程票为一次性纸质磁卡车票。为了响应北京市政府关于推行"市政交通一卡通"的理念，该系统也增加了对"一卡通"卡的支持功能。

2008年6月，北京市城市轨道交通自动售检票系统的投入使用，标志着北京地铁实现了真正意义上的"一卡通、一票通行"和无障碍换乘。系统支持的单程票为可以回收使用的Ultralight薄型IC卡，同时支持一卡通卡的使用。

4. 上海

1999年3月，上海地铁1号线启用美国CUBIC公司磁卡自动售检票系统，采用循环使用的塑制磁卡车票。2000年，上海地铁在1号线自动售检票系统的技术上叠加了由上海生产的以上海公交卡作为储值票的系统，形式与磁卡和非接触城市公共交通卡相同，同时实现了地铁运营商与公共交通卡公司的数据交易和账务结算。2001年，上海地铁2号线投入运营，同时将1号线自动售检票系统扩展到2号线。2001年10月，上海地铁3号线启用西班牙INDRA公司的自动售检票系统，使用一次性纸质磁卡车票。2002年，上海地铁1号线北延伸段11个站开通，采用上海产的自动售检票系统，车票使用与原地铁1号线兼容的塑质磁卡票，采用中央系统间互联交换数据。2005年12月，上海地铁建立了新的自动售检票网络化系统，完成了对原地铁1、2、3号线系统的改造，建立了4、5号线自动售检票系统，设立了路网清分结算中心，负责票卡发行、数据汇集处理。

5. 广州

广州地铁的地铁自动售检票系统是一个封闭式的计程计时的自动售检票系统，于1998年6月投入正式运营。广州地铁2007年完成了磁卡系统向非接触式IC卡系统的改造，实现了单线系统向线网系统的转换。随着广州市轨道交通网络的规划和建设，广州地铁AFC系统也在逐步建立多层次、模块化的系统架构，以适应将来地铁线路增加、多线成网后乘客自由换乘、公司统一管理和各线路精确清分的要求。目前，系统使用非接触式IC卡车票实现换乘，单程票在售出当站、当日有效，出站时车票由出站闸机回收。广州地铁车票分为单程票、储值票（含普通储值票、中小学生储值票和老年人储值票）、老年人免费票、纪念票、羊城通交通卡（图1-4）。广州地铁的自动售检票系统主要由非接触式IC卡车票、售票机、闸机、车站系统和中央系统等组成，系统能兼容羊城通票卡，与广州市其他公交系统能实现"一卡通"结算。闸机采用剪式闸机，提高了乘客通行能力。安装在非付费区的验票机，能够方便乘客查询车票和羊城通储值票的余值、有效使用时间等车票信息。

6. 香港

香港地铁自1979年开通就采用了自动售检票系统，是一个既快捷又安全可靠的运输网络，覆盖香港核心地带，连接深圳。香港地铁全长214.6km，由观塘线、荃湾线、港岛线、东涌线、将军澳线、东铁线、西铁线、马鞍山线、迪士尼线、机场快线及轻轨各线共150个车站组成。香港地铁周日平均载客量340万人次，是全球首屈一指的地铁系统，以安全可靠程度高、顾客服务卓越及低成本、高效率著称。

与售检票系统相关的还包括自动售检票系统、收益管理、电子工厂和自动售检票系统训练中心四大部分,其中收益管理是核心,自动售检票系统是基石,各部分相互依赖、相互协作、相互配合,以自动售检票系统为主线有机地结合在一起,形成高效、稳定、可靠的运作系统。香港地铁自动售检票系统使用的单程票是磁卡,储值票采用非接触式 IC 卡,即八达通卡。乘客乘坐地铁时,八达通卡的使用比例超过 85%。

香港地铁自动售票机如图 1-5 所示。

图 1-4　广州地铁羊城通交通卡　　　　　　图 1-5　香港地铁自动售票机

二、城市轨道交通票务系统与自动售检票系统的关系

城市轨道交通票务系统是自动售检票系统的必要环境和基础;自动售检票系统则是城市轨道交通票务系统的实现手段之一,能有效提高城市轨道交通票务系统的管理水平和效益。

自动售检票系统的使用可大量减少票务管理人员,提高城市轨道交通系统的运行效率和效益。同时,参考该系统对客流量、票务收入等综合业务信息的汇总分析,可以强化客流分析预测能力,合理地调配车辆,提高票务系统工作效率,进而提高网络化运营管理水平。

自动售检票系统与票务策略的对应关系主要表现在客流、票制、统计与结算、车票处理等方面。

1)客流

自动售检票系统可根据交易信息为决策管理或规则管理提供客流信息。自动售检票系统依靠其良好的票务管理水平和高效的客流信息处理能力,能够成功实现低成本、高效率的系统运作。在客流分析工作中,应强化系统整理分析原始数据和信息的能力,将票务系统与其他信息管理系统相结合,通过票务系统的信息挖掘,进一步了解区域客流特征,为管理提供量化的决策依据,也可以为相关的经济行为提供客流行为支持,提高服务和管理决策的针对性与准确性。因此,提高信息利用率、增强自动售检票系统服务客流的决策分析能力是自动售检票系统服务客流的发展方向之一。

2)票制

自动售检票系统根据票务政策的计费原则和计费方式进行售票、检票及统计。对单一票制、计程票制和混合票制,应结合不同的票制原则以及相应的优惠措施制定执行方案。

(1)单一票制是根据乘车次数进行计费,与实际乘坐距离长短无关。

(2)计程票制是根据进出站检票信息,严格按照实际乘坐距离长短(里程或乘坐车站数)并根据票价计费标准计算乘车费用的。

(3)混合票制也称分区域计程制。该票制即将运营线路总长度分为若干个区域,根据票价计费标准,在各区域内采用统一票价。实际运营距离跨越一个或多个区域时,混合票制根据占用的区域数进行计费。

3)统计与结算

票务统计与结算的基础是交易数据。线路每天的客流量是该线路各站的单程票、储值票及特种票的进站数及换乘至该线路各站人数之和。各线路日车票收入,是单线各站的单程票发售与储值票的出站扣值及当天票补收入之和,减去退票款后,按乘客在各换乘线路乘坐的情况核算的结果。

自动售检票系统可对客流量、票务收入以及单程票的使用进行统计和分析,并编制成相应报表。

自动售检票系统能够对不同线路或不同收益载体进行票务收入清分,对路网系统与其他兼容系统进行清分,并可通过银行结算系统及时结算。

4)车票处理

车票处理包括对单程票、储值票和许可票的处理。一般情况下,单程票是当日当站使用的车票,通常要制定退票规则,包括是否允许退票、退票时间要求、手续费的收取等。储值票有记名和不记名之分。不记名票通常不办理挂失、退票。当储值票不能正常使用时,由车站受理,交专门部门进行查询、分析并做相应处理。特种票不能正常使用时,由专门部门进行查询、分析并做相应处理。

 任务实施

城市轨道交通票务系统的业务管理与实施

票务系统的业务管理是借助自动售检票系统来实现的,主要内容有票卡管理、规则管理、信息管理、账务管理、模式管理和运营监管六个部分。

1. 票卡管理

票卡管理是指对票卡采购、循环使用及回收、报废过程进行的管理。一个完整的票务管理过程应当包括票卡采购、票卡初始化、票卡发放、票卡销售、检票、票卡回收、结算、票卡报废及整个运营分析等过程。

2. 规则管理

票务系统涉及多部门、多环节,要确保这些部门与环节能有效协作、高效联运,必须依靠一套科学、严密的规则和流程。规则管理就是为确保系统规范运作而制定出一系列规则和流程并加以实施,包括票价策略、收益分配、结算规则、权限管理和操作流程等。

3. 信息管理

1)自动售检票系统信息管理的概念

信息管理就是对系统中相关信息(乘客进出站、乘车费用、乘客流向、客流量等)进行信息收集、信息传输、信息统计分析和信息发布等。

2）自动售检票系统信息管理的作用

城市轨道交通自动售检票系统信息管理是指对信息进行统计分析，将系统收集到的信息进行汇总、加工、处理，以得到日常管理需要的数据、报表、资料，并从不同角度进行分析，为运营管理提供信息支撑。

3）各类信息报表的内容

（1）结算类报表。

结算类报表是在结算过程中所产生的报表，它完整体现了结算过程中所有资金及信息内容，主要包括车站售卡及储值收费统计表、车站车票费收入统计表、银行账户余额表、车站结算统计报表、银行划账单、收益方收益表、票卡存量表等。

（2）管理分析类报表。

管理分析类报表是为满足清分中心日常管理以及对路网运营情况进行分析而设置的报表，主要包括车站票卡对账表、线路票卡存量表、公务卡使用统计报表、路径费率表、分时流量表、流量统计表、换乘客流统计表、交通起讫点（OD）调查表、路网收费方式统计表等。

（3）故障辅助解决类报表。

故障辅助解决类报表是在出现对账不平时，能够为有效解决问题而提供辅助信息的报表。

4．账务管理

城市轨道交通自动售检票系统涉及票卡发售、票款汇缴、收入清分和资金划拨等一系列财务处理过程，账务管理就是对系统内的分配、入账等过程进行的管理。

5．模式管理

模式是指在不同状况和条件下，为达到某些特定的效果所采取的方式和方法。模式管理是针对不同的运营状况和条件所做出的相应操作行为的选择与实施，包括正常运营模式、降级运营模式及相配套的运营管理。

6．运营监管

系统运营涉及通信、信号、列车、运营组织及乘客、线路、车站等。城市轨道交通自动售检票系统运营监管是通过本系统的设备及其所具有的完整、严密、及时的信息流对运营状况进行实时跟踪监督，以提高运营管理质量和服务水平。

运营监管的内容包括信息传输状况监督、客流状况监督、车票调配监督、收款监督和收益监督等。

 任务评价

根据以上学习内容，评价自己对本任务内容的掌握程度，在下表相应空格里打"√"。

评 价 内 容	差	合格	良好	优秀
对典型城市轨道交通票务系统发展的了解程度				
对城市轨道交通票务系统与自动售检票系统关系的掌握程度				
对城市轨道交通票务系统业务管理的掌握程度				
学习中存在的问题或感悟				

任务二 自动售检票系统基本构架认知

相关知识

自动售检票系统的含义不仅仅包括自动售票和自动检票,从严格意义上来说该系统是以先进的集成技术、信息处理技术、自动控制技术、IC卡技术以及安全保密技术为基础,实现自动购票、自动充值、自动进出站、自动收费、自动清分票款的综合自动化系统。

一、开通自动售检票系统的必要性

自动售检票系统是国际化大城市轨道交通运行中普遍应用的现代化联网收费系统,自动售检票系统开通后,通过乘客进、出站刷卡,可以精确记录乘客乘车的起、终点,准确掌握客流时、空分布规律,实时统计各条线路及各车站的客流量,为地铁运营组织提供基础数据,帮助其更好地应对客流变化,及时调整运力,缓解拥挤,同时可以实现各条线路之间的票款清分。

自动售检票系统开通后,单程票卡和一卡通卡替代一次性纸质车票,单程票卡和一卡通卡可以循环使用,有利于资源利用和环保。

自动售检票系统开通后增加了自助服务功能:一是在原有人工售票基础上增设了自动购票机,实现了乘客自助购票,可以减少排队等候时间;二是增加了自动查询机的数量,方便乘客自助查询;三是增设了一卡通卡自动充值机,方便乘客自助充值。

二、自动售检票系统发展

1967年,世界上第一套AFC系统在法国巴黎地铁成功安装使用。随后日本、欧美等发达国家及我国香港地区都实现了联网运行。1979年,香港地铁首条线路开通时,票务系统采用了自动售检票系统,这是中国首个自动售检票系统。1999年,广州地铁和上海地铁从美国引进的AFC系统是中国内地最早投入运营的两套自动售检票系统。

售票设备的发展经历了由半自动售票机逐渐发展为集售票、充值于一体的自动售票机,自动检票机的闸门形式根据不同的使用目的,由转杆门过渡到拍打门,再到目前普遍采用的剪式门,从功能上得到了不断的丰富、完善。车票介质的发展历程是由普通筹码、纸质磁票、PET磁卡发展到目前广泛使用的非接触式IC卡。

随着轨道交通路网的快速建设和相关技术的发展,自动售检票系统将沿着网络化、标准化、简单化、智能化、国产化的趋势发展。

三、自动售检票系统应用

建设自动售检票系统主要有以下几点目的:方便广大市民出行,充分满足乘客出行需求;提高地铁运营管理水平;减少资源浪费,满足路网发展的需要;完善运营统计功能、实现地铁网络与信息管理。

自动售检票系统既适用于单条城市轨道交通线路,也适用于多线路组成的城市轨道交通路网。国内各城市之间的自动售检票系统虽然存在一定的差异性,但其基本原理和功能是相同的,差异性主要体现在自动售检票系统的车站终端设备和单程票的车票介质方面。

任务实施

一、自动售检票系统专有名词认知

自动售检票系统专有名词如表 1-1 所示。

自动售检票系统专有名词　　　　　表 1-1

序号	专有名词	解释	备注
1	ACC	自动售检票系统清算管理中心	
2	AFC	自动售检票系统	
3	LC	线路中央计算机系统	
4	SC	车站计算机管理系统	综控室/AFC 票务室
5	TVM	自动售票机	站厅（非付费区）
6	AG	自动检票机（闸机）	站厅（划分付费区与非付费区）
7	AVM	自动充值机	站厅（非付费区）
8	BOM	半自动售票机	售/补票室
9	PTCM	便携式检票机	AFC 票务室
10	TCM	自动查询机	站厅（非付费区）

二、自动售检票系统架构认知

目前，城市轨道交通路网自动售检票系统采用三级组网、四层架构，分成四层结构：第一层为自动售检票系统清算管理中心（ACC），第二层为线路中央计算机系统（LC），第三层为车站计算机系统（SC），第四层为车站终端设备。相关资源见二维码 1。

北京市城市轨道交通路网自动售检票系统的四层架构如图 1-6 所示。

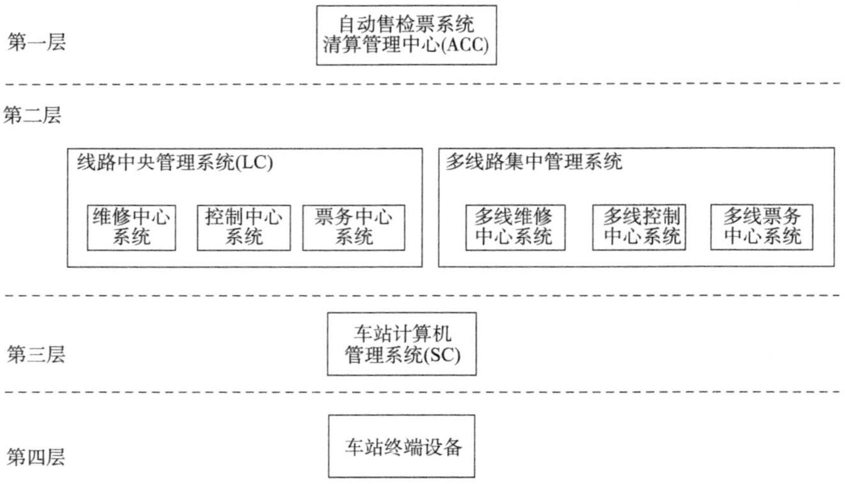

二维码 1

图 1-6　北京市城市轨道交通路网自动售检票系统的四层架构

8

（1）第一层：自动售检票系统清算管理中心（ACC）。

自动售检票系统清算管理中心，能够实现城市轨道交通路网内各运营商的统一协调以及系统和安全管理，主要负责城市轨道交通各线路一票通车票及一卡通卡的运营管理、票务管理、轨道交通与一卡通系统的清算、对账及与各线路间的清算，负责整体与外部系统（如一卡通清算系统）进行交互、各线路自动售检票系统的信息交换、一票通票卡的发行管理，负责清算中心自动售检票系统的密钥安全以及对外的信息服务，实现各线路中央计算机系统对清算中心系统的有效接入。

（2）第二层：线路中央计算机系统（LC）。

线路中央计算机系统是整条线路的数据中心，线路中央计算机系统对上负责接收ACC系统下发各类参数数据，并将本线路各车站终端设备产生的运营数据上传至ACC系统，同时负责与ACC系统进行清算对账。线路中央计算机系统对下负责接收各车站系统上传的终端设备的运营数据，并将参数数据下发给车站系统。线路中央计算机系统将各类数据进行统计，生成相关的报表，为线路运营提供依据。线路中央计算机系统是整条线路的监控管理中心，它与车站系统之间进行命令消息的传递，可对线路内的所有设备进行监控。

（3）第三层：车站计算机管理系统（SC）。

车站计算机管理系统是线路自动售检票系统内的车站管理系统，负责本车站的运营、票务管理。车站计算机管理系统对上负责接收线路中央计算机系统下发的参数数据，并下发给终端设备。车站计算机管理系统对下负责接收终端设备上传的状态及运营数据，并上传给线路中央计算机系统，同时车站计算机管理系统将车站级各类数据统计，生成相关的报表，为车站运营提供依据。车站计算机管理系统负责监控车站终端设备运营及故障情况，实现对设备的管理与控制。

车站计算机管理系统主要由网络设备、车站服务器、监控工作站、电源系统等构成，如图1-7所示。

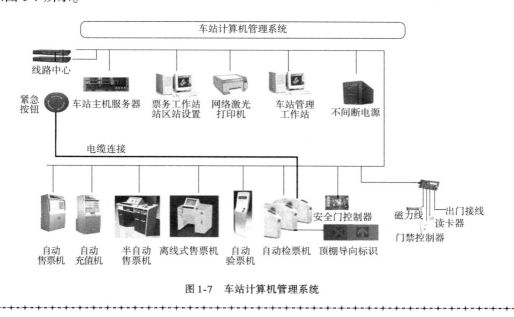

图1-7 车站计算机管理系统

(4)第四层:车站终端设备(SLE)

车站终端设备是自动售检票系统中面向乘客服务的终端,能够完成售票、检票、补票、查询等业务,满足联网收费的要求。车站终端设备接收车站计算机管理系统下发的命令和参数,同时将各类状态和运营数据上传给车站计算机管理系统。它主要包括自动检票机、自动售票机、半自动售票机、自动充值机、自动查询机等。

任务评价

根据以上学习内容,评价自己对本任务内容的掌握程度,在下表相应空格里打"√"。

评价内容	差	合格	良好	优秀
对自动售检票系统专有名词的掌握程度				
对自动售检票系统架构的掌握程度				
学习中存在的问题或感悟				

任务三 自动售检票系统设备识别

相关知识

一、影响自动售检票系统设备配置与布局的因素

车站自动售检票系统设备配置是研究解决自动售检票系统设备的选型和配置数量的问题,而车站 AFC 系统设备布局则是研究解决自动售检票系统设备空间布置的问题。相关资源见二维码2。

二维码2

影响车站 AFC 系统设备配置与布局的因素主要有以下几个方面。

1. 高峰小时进出站客流

高峰小时进出站客流是决定车站自动售检票系统设备配置的主要因素,也是决定车站自动售检票系统设备布局的基本依据。

根据客流数据统计资料分析,车站客流的进出站高峰小时出现时间与断面客流的高峰小时出现时间通常不同,车站客流的进站高峰小时与出站高峰小时出现的时间通常不同,工作日高峰小时进出站客流通常大于双休日高峰小时进出站客流,因此,一般采用工作日高峰小时进出站客流作为计算车站自动售检票系统设备配置的依据。

从客流的空间分布角度,应根据车站内乘客流向及行程轨迹,分别对各个收费区及各组检票机的进出站客流进行分析,还应该对上、下行方向客流的到发特征,进出站客流到检票机的特点和进出站客流的路径交叉等进行分析。

2. 车站自动售检票系统设备使用能力

车站自动售检票系统设备使用能力是指车站自动售检票系统设备在单位时间内(通常为1min)的出票张数或通过人数等。车站自动售检票系统设备通过能力可以分为设计能力和使用能力。设计能力是理想状态下的设备能力,根据自动售检票系统文件提供的数据确

定,如检票机的设计能力,主要取决于票卡读写时间、闸门开启时间和乘客通过闸门时间等。但实际使用中,由于乘客特性、使用熟练程度、设备利用不均匀等原因,车站自动售检票系统设备的使用能力小于设计能力。因此,在计算自动售检票系统设备配置数时,应考虑其使用能力。

3. 站台与站厅层设计布局

站台、站厅层设计布局主要包括站台类型、车站控制室的位置、升降设备的位置和车站出入口的布置等。

站台、站厅层设计布局对收费区及检票机的设置有较大影响,从而影响车站自动售检票设备的配置和布局,如岛式站台车站,收费区的自动扶梯、步行楼梯设置在站厅的中央区域;客流量比较大的车站,在收费区两侧布置验票机,增加检票机数量。

二、系统设备配置的原则

1. 实用性原则

车站的设备配置要符合车站服务的特点,即服务的时效性和舒适性。轨道交通车站主要解决乘客在该服务系统中的汇聚与疏解,有很强的时效性;乘客的基本要求是在短暂的移动过程中充分享受车站所提供的舒适服务。因此,设备的实用性是车站首先考虑的问题。

2. 功能匹配原则

由于城市轨道交通系统投资巨大,城市轨道交通车站的设备配置要满足乘客所需的服务要求,同时也要防止出现设备闲置、设备使用效率降低以及系统运营经济效益下降(不包括正常的设备能力储备)的问题,即车站设备服务能力与乘客所需的服务需求的匹配出现问题。另外,车站设备配置的能力匹配,还包括各设备之间的容量与能力匹配,如列车运营密度对售检票能力都提出了相应的配套要求,即售检票系统和车站各配置设备之间的能力协调。

3. 先进性原则

城市轨道交通系统作为先进的大容量、快捷交通运行工具,同时也是一个复杂的运营系统。高技术、高智能化是其基本特征,而要体现这一高技术、高智能化特征,构成这一系统的各设备必须有一定的先进性,就目前而言应以计算机技术、信息技术和控制技术为主要应用对象,提高车站设备的技术和应用层次。

 任务实施

一、自动售检票系统设备识别

自动售检票设备可以满足乘客自主购票、自主乘车的需求,能够提升票务收益管理工作的效率,节省人力资源。自动售检票设备一般分为售票类设备、检票类设备、验票类设备三种类型,经常放置在车站的站厅层。

1. 半自动售票机

半自动售票机(BOM)是由票务员操作,为乘客提供售票服务的设备,其主要功能是售票、补票、充值、修复、替换、退款、车票查询。半自动售票机安装在售票亭和补票亭,操作时先对票务员的身份进行确认,确认后票务员可以根据乘客需求开展售出和补票等业务;半自动售票机还可以对包含北京市政交通一卡通卡在内的储值票进行发售、充值。

半自动售票机主要由主控单元、操作显示器、乘客显示器、票卡发送模块、读卡器、触摸屏、钱箱、发票打印机(针式)、电源箱、不间断电源等部件组成,如图1-8所示。

2. 自动售票机

自动售票机(TVM)是为乘客提供自助购票服务的设备,其主要功能是出售单程票。自动售票机安装在车站非付费区,由乘客操作自动出售单程票。自助售票作业包括购票选择、接受购票资金、出票、找零等过程。自动售票机发售各种票价的单程票,接受硬币和纸币,并且能用硬币和纸币找零。

自动售票机主要由主控单元、触摸屏、乘客显示器、运营状态显示器、车票读写器及天线、纸币处理系统、硬币处理系统、维护面板/移动维护终端接口、单据打印机、电源模块及机壳等部件组成,如图1-9所示。

图1-8 半自动售票机

图1-9 自动售票机

3. 自动检票机

自动检票机(AG)是控制乘客进出站的设备,设置在付费区与非付费区的分界处,其主要功能是检票。

自动检票机主要包括主控单元、乘客显示器、方向指示器、警示灯和蜂鸣器、读写器及天线、通道阻挡装置、票卡传送/回收装置、键盘维护/移动维护终端接口、电源模块等,如图1-10a)所示。目前,许多带有二维码支付功能、掌纹和面部识别功能的自动检票机也得到了越来越广泛的应用,如图1-10b)、图1-10c)所示。

知识链接

北京地铁线路自动检票机基本采用剪式门,13号线、机场线、15号线部分自动检票机采用拍打门,自动检票机包括进站检票机、出站检票机、双向检票机、宽通道双向检票机四类。

4. 自动查询机

自动查询机(TCM)是提供乘客自助车票查询服务的设备,其主要功能是车票内信息查询。自动查询机安装在地铁车站非付费区,为乘客提供自助查询车票信息的服务。自动查询机可查询车票的最近使用情况,它不仅能查询车票的当前状态,还能给乘客提供其他信息,例如为乘客提供地铁线路列车时刻表、乘车路线查询、车站出入口分布图、地面道路及公交换乘信息等,虽然这些自助式查询功能并不是查询机必须具备的功能,但这些功能可以提高设备的利用率。

自动查询机(图 1-11)主要由主控单元、乘客显示器、车票读写器及天线、扬声器、乘客感应传感器等组成。

a)

b)

c)

图 1-10 自动检票机

图 1-11 自动查询机

二、自动售检票系统设备布置

自动售检票系统设备布置时应满足以下要求：

1. 正确设置售检票系统设备的位置

售检票系统设备的位置与出入口、楼梯应保持一定距离。售检票系统设备的位置一般不设置在出入口、通道内，并尽量保持与出入口、楼梯有一定的距离，从而保证出入口和楼梯的畅通。

售检票系统设备一般选择在站厅内宽敞位置设置,保持售检票系统设备的位置前通道宽敞,便于售检票系统设备位置前客流的疏导,售检票系统设备的位置应适当保持一定距离,避免排队时拥挤。北京地铁车站站厅层检票系统布置情况如图1-12所示。

2. 合理布置付费区

售检票系统设备的位置需要根据出入口数量进行相对集中的布置,满足客流流向要求。轨道交通车站一般有多个出入口,为了减少乘客进入车站后的走行距离,一般设置多处售检票系统设备,但过多设置售检票系统设备容易造成设备使用的不平衡,降低设备使用效率,并且不利于管理,因而售检票系统设备位置应根据车站客流的大小集中布置。北京地铁车站站厅层售票系统布置情况如图1-13所示。

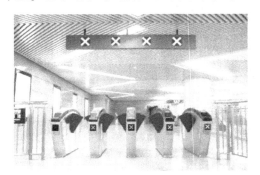

图1-12　车站站厅层检票系统布置情况　　　图1-13　车站站厅层售票系统布置情况

3. 设备应采用相对一致的外尺寸

每个付费区内至少设置1台补票机,每个出入口的检票机数量不应少于2台。

知识链接

我国正在建设地铁的城市如北京、天津、沈阳、成都、杭州、武汉、重庆等,其城市轨道交通都将自动售检票系统作为一个重要的组成部分,分别采用不同的自动售检票技术。日本欧姆龙公司、日信公司,法国THALES公司、ASCOM公司,美国CUBIC公司,韩国三星数据公司等国外公司纷纷进驻中国市场。国内企业如深圳现代、上海华虹等公司作为国内自动售检票行业的代表,技术路线不一,没有一个统一的标准,容易使城市轨道每一条线路自动售检票系统不一致,造成接口复杂,甚至重复投资。

任务评价

根据以上学习内容,评价自己对本模块内容的掌握程度,在下表相应空格里打"√"。

评价内容	差	合格	良好	优秀
对影响自动售检票系统设备配置与布局因素的掌握程度				
对系统设备配置原则的掌握程度				
对自动售检票系统设备布置应满足的要求的掌握程度				
对自动售检票系统设备的识别程度				
学习中存在的问题或感悟				

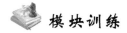 **模块训练**

任务训练单

班级：　　　　　　姓名：　　　　　　训练时间：

任务训练单	城市轨道交通票务系统及自动售检票系统认知
任务目标	掌握城市轨道交通票务系统的发展过程、业务管理内容与自动售检票系统的关系以及自动售检票系统的架构、自动售检票系统设备布置原则，能够了解自动售检票系统专有名词，识别自动售检票系统设备
任务训练单	城市轨道交通票务系统及自动售检票系统认知
任务训练 任务训练说明：请从下列任务中选择其中的两个进行训练 自动售检票系统专有名词认知、自动售检票系统设备识别、自动售检票系统架构认知、自动售检票系统设备布置	
任务训练一： (说明：总结作业流程，并在实训室进行实操训练或者上机在模拟软件上完成实操训练)	
任务训练二： (说明：总结作业流程，并在实训室进行实操训练或者上机在模拟软件上完成实操训练)	
任务训练的其他说明或建议：	
指导老师评语：	
任务完成人签字：　　　　　　　　　　　　　　　　　日期：　　年　　月　　日 指导老师签字：　　　　　　　　　　　　　　　　　日期：　　年　　月　　日	

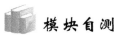 **模块小结**

　　本模块重点介绍了城市轨道交通票务系统的发展、城市轨道交通票务系统业务管理的内容，以及票务系统与自动售检票系统的关系，介绍了自动售检票系统的专有名词、设备及设备布置的影响因素与原则。

　　通过本模块的学习，使学生对城市轨道交通票务系统与自动售检票系统有一些清晰的认知。

模块自测

一、填空题

1. 世界上城市轨道交通票务系统主要有＿＿＿＿、＿＿＿＿、＿＿＿＿、＿＿＿＿、＿＿＿＿、＿＿＿＿等自动售检票系统。

2. 票务系统的业务管理主要内容有＿＿＿＿、＿＿＿＿、＿＿＿＿、＿＿＿＿、＿＿＿＿

和_____等。

3. 信息管理就是对系统中相关信息(乘客进出站、乘车费用、流向、流量等)进行收集、传递与处理,包括_____、_____、_____和_____等。

4. 运营监管内容包括_____、_____、_____、_____等。

5. 自动售检票系统与票务策略的对应关系主要表现在_____、_____、_____、_____等方面。

6. 自动售检票系统可根据_____为城市轨道交通的决策或规划提供客流信息。

7. 票务统计与结算的基础是_____。

8. 车票处理包括对_____、_____和_____的处理。

9. 自动售检票系统的英文是_____。

10. 1967年,世界上第一套AFC系统在_____安装使用成功。

11. ACC是_____,SC是_____,TVM是_____,AG是_____,AVM是_____,BOM是_____,PTCM是_____,TCM是_____。

12. 目前北京市城市轨道交通路网AFC系统采用_____级组网、_____层架构。

13. 北京市城市轨道交通路网AFC系统第一层结构是_____,第二层结构是_____,第三层结构是_____,第四层结构是_____。

14. 自动售检票系统经常放置在车站的_____,一般分为_____设备、_____设备、_____设备三种类型。

15. 自动售检票系统围绕_____原则、_____原则、_____原则、_____原则和_____原则来配置相应的设备设施。

二、简答题

1. 简述城市轨道交通运营模式有哪些。举例说明。

2. 城市轨道交通票务管理系统与自动售检票系统有什么关系?

3. 请根据您所在城市的城市轨道交通现状,完成一份票务系统调研报告。该报告应包含以下内容:

(1)您所在城市的城市轨道交通车站有哪些设备与票务有关?

(2)介绍您所在城市的城市轨道交通使用的车票。

(3)介绍您所在城市的城市轨道交通的票价。

4. 自动售检票系统包含哪些架构形式?

5. 自动售检票系统设备的配置与布局应考虑哪些因素?

6. 简述自动售检票系统设备配置的原则。

模块二　票卡媒介认知

问题导学

小美看着自己手中的一卡通卡,思考着:地铁车票都有哪些分类?有没有我还没见过的车票?地铁车票是根据什么来定价的?是乘客随车行驶乘坐的公里数,还是乘客随车行驶经过的车站数?

在模块一中,我们已经了解到城市轨道交通票务系统的发展现状,在本模块中我们将详细地了解票务系统中最重要的媒介——票卡。

票卡就是乘客使用的车票,用于记载乘客的出行和费用信息,是乘坐轨道交通的有效票据或凭证。票卡记载了乘客从购票开始,完成一次完整旅行所需要和产生的费用、时间、乘车区间等信息。票卡上记载了乘车信息,因而也被称为票卡媒介。不同票卡记载信息的方式和数量是不同的,其信息记载方式不同,对应的识别方式也不同。因此,不同的票卡对应不同的识别系统。

地铁早期一般都采用纸质车票,但随着计算机、网络通信、电子信息、智能卡等技术的不断发展,先后出现了磁卡和智能IC卡。纸票需要大量的工作人员且需人工进行售检票,因而工作效率低下;另外,纸票只能使用一次,容易造成资源浪费,并且在车票和现金的管理上也容易出现漏洞。磁卡利用磁性载体(磁条)记录了车票的相关信息,磁卡的读写相对简单容易,使用也比较方便,最重要的是可以重复使用。IC卡是集成电路卡(Integrated Circuit Card)的英文简称,在有些国家也称为智能卡、智慧卡、微芯片卡等。IC卡按其与外界数据传送方式的不同,一般分为接触式IC卡和非接触式IC卡。IC卡具有许多磁卡无法比拟的优点,如存储容量大、信息记录的高可靠性、高安全性、高保密性以及可脱机使用等,这些特点使IC卡得到了广泛使用。

目前,国内城市如北京、上海、南京、广州、深圳等地,其地铁自动售检票系统的票卡媒介一般都采用非接触式IC卡,并且都已成功实现"一卡通"业务,即除在地铁系统换乘之外,还可以实现在公交、出租、轮渡、市郊铁路等系统的换乘;另外,有些城市的地铁票卡还可实现在停车场、加油站、便利店、超市、影院等地刷卡消费。

学习目标

1. 理解售检票方式及票卡的识别方式,掌握票卡的分类;
2. 掌握纸票、磁卡、智能卡的构成、分类及特点;
3. 掌握自动售检票系统中各种类型票卡的定义及适用范围;
4. 了解我国主要城市一卡通的应用情况及一卡通使用的一般要求。

任务一　票卡分类及识别

相关知识

售检票作业作为城市轨道交通运营组织的一个核心作业环节,售检票作业方式根据作业的环境分为两类:一种是开放式售检票作业方式,另一种是封闭式售检票作业方式。

开放式售检票作业方式是指车站不设检票口,乘客在上车前(进入付费区)或在列车上进行检票,并随机查票的售检票作业方式。开放式售检票作业方式一般适用于客流量较小的系统,同时要求乘客有较高的素质。

封闭式售检票作业方式是指乘客进出付费区均要经过检票口检票的售票方式。这种方式能减少或杜绝无票乘车的现象,减少票卡流失。封闭式售检票作业方式主要包括以下几种。

1)人工售检票方式

人工售检票方式是一种完全由人工完成的售票、检票和乘务数据统计的方式。人工售检票方式具备以下特点:需要大量的票务人员,占用车站较大空间,乘客在售检票过程中花费的时间较长。

2)半自动售检票方式

半自动售检票方式是一种由人工参与、设备辅助来完成售票、检票和票务数据统计的方式。半自动售检票方式具备以下特点:需要的票务人员相对较少,提高了系统自动化程度;借助计算机和网络技术,在票务统计上实现了自动化管理;有设备辅助,乘客在购票、检票过程中花费时间相对较少。

3)自动售检票方式

自动售检票方式是一种完全由乘客自行操作售检票设备来完成售票、检票,并由设备自动完成票务数据统计的方式。自动售检票方式具备以下特点:智能化的售检票系统,为乘客提供了人性化的操作界面;为乘客乘坐轨道交通提供友善、方便、快捷的服务。

在城市轨道交通系统中,售检票方式取决于不同的票卡媒介和识别设备。目前世界上常见的轨道交通售检票方式有印制纸质车票人工售检票系统、印制纸质车票半自动售检票系统、一次性磁卡车票自动(半自动)售检票系统、重复使用磁卡车票自动(半自动)售检票系统、接触式智能卡车票自动(半自动)售检票系统、非接触式智能卡车票自动(半自动)售检票系统。上述六种售检票模式中,票卡媒介基本上为普通纸质车票、条形码车票、单程磁卡车票、储值磁卡车票、接触式IC卡及非接触式IC卡车票。由于票卡介质不同,识别终端不同,售检票模式在很大程度上会发生变化。

因此,城市轨道交通自动售检票系统最大的影响因素是车票制式,它决定了系统信息的组成。票卡媒介是乘客使用情况的信息载体,是系统运营数据的关键源头。一旦系统的车票制式确定,再对其进行更改将会造成极大的影响。所以,售检票系统对于票卡的选择尤为重要。

目前常见的票卡媒介有三种:纸质车票、磁卡车票和智能卡车票。

一、纸质车票

纸质车票是事先在车票上印刷相关的车票信息,由人工方式或自动方式售票,通过识读或扫描仪确认票面信息的车票。

普通纸质车票将车票的相关信息印制在票面(纸质)上,由票务人员识读确认。票面上的基本信息包括车票编号、乘车日期、乘车车次、乘车区间、票款金额、时间限制以及换乘等信息(图2-1),既对购票人有明示作用,也便于票务人员检查核对。

图2-1　普通纸质车票

普通纸质车票的信息是只读信息,因此不能作为储值票,只能作为单程票或特殊用途的车票。

印制纸质车票适用于人工售检票的票务运作模式,每张纸质车票相当于一张定额发票,只能提供给乘客乘坐一次地铁的服务承诺,而且其使用次数也只有一次。普通纸质车票一般由存根、主券、进站副券和出站副券四部分构成。其中存根是地铁车站内部进行收益稽核时使用的;进、出站副券分别是乘客在进、出站检票时提供给检票人员检查时使用的;主券是最后留给乘客,供乘客收藏或作为报销凭证使用的。乘客在购票过程中,票务人员从车票处撕下存根,并将其余部分交给乘客。

 知识链接

正常情况下纸质车票的操作程序

(1)乘客进站时检票人员撕下乘客纸质车票的相应副券。

(2)乘客出站时检票人员核查乘客所持纸质车票上的站名、日期章以及纸票票价无误后,撕下乘客纸票的副券。对超程使用的1元纸票,出站时车站员工也需撕下相应的副券联。

(3)乘客所持的纸质车票超程时,须在售票/问询处补足相应的车费(乘客携带的行李票超程,乘客需补交行李相应的超程费用)。

普通纸质车票由于所有信息印制在票面上,故其保密性不好,容易伪造,需要增加一些防伪措施,可在票面上印刷加密图形等安全信息,但同时也会给识读带来较大的困难,车票的有效性只能靠票面上的加密图案来保证。设计纸票时,可根据应用环境来确定票面相关信息,加密图形可以以节日、大型活动或者商业广告为题材。

二、磁卡车票

1. 磁卡的构成

磁卡是一种磁记录介质卡片。它由高强度、耐高温的塑料或纸质涂覆塑料制成,能防潮、耐磨,且有一定的柔韧性,携带方便,使用较为稳定可靠。通常,磁卡的一面印刷有说明提示性信息,如插卡方向;另一面则有磁层或磁条,具有2个或3个磁道,以记录有关信息数。为了简化设备结构,大部分系统的磁卡上还会有定位孔槽等标志。

磁条可以用来记载字母、字符及数字信息,通过黏合或热合与塑料或纸牢固地整合在一起,形成磁卡。磁条中所包含的信息一般比长条码大。相关资源见二维码3。

如图2-2所示,常见的磁条上有3个磁道,称为磁道1(Track 1)、磁道2(Track 2)、磁道3(Track 3)。磁道1(Track 1)与磁道2(Track 2)是只读磁道,在使用时磁道上记录的信息只能读出而不允许写入或修改。磁道3(Track 3)为读写磁道,在使用时可以读出,也可以写入。

二维码3

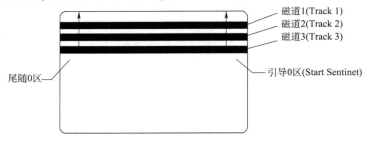

图2-2 磁卡车票结构示意图

磁道1可记录数字(0~9)、字母(A~Z)和一些其他符号(如括号、分隔符等),最多可记录79个数字或字母。

磁道2和磁道3所记录的字符只能是数字(0~9)。磁道2最多可记录40个字符,磁道3最多可记录107个字符。

2. 磁卡车票的设计

磁卡车票的设计首先要满足系统的技术要求,其次票卡的大小要尽可能地标准化,然后根据需要设计各种图案、文字和号码,根据使用环境确定信息储存的磁道。ISO 7810:1985识别卡规定了卡的物理特性,包括卡的材料、构造和尺寸(表2-1)。

磁卡尺寸(单位:mm) 表2-1

长度	85.47 ~ 85.72
宽度	53.92 ~ 54.03
厚度	0.76 ± 0.08
圆角半径	3.18
一般卡的尺寸为:85.5 × 54 × 0.76	

磁卡上的磁涂层(磁条)是一层薄薄的由定向排列的铁性氧化粒子组成的材料,由树脂黏合剂严密地黏合在一起,并黏合在诸如纸或塑料这样的非磁基片媒介上,形成纸质磁性票卡或塑制磁性票卡(图2-3)。

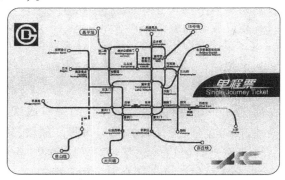

图2-3 北京地铁单程票(塑制磁性票卡)

3.磁卡的优缺点

磁卡车票技术发展于20世纪70年代,围绕磁卡车票的自动售检票系统设备应用已久,从技术上讲还是比较成熟的,其具有以下优点:

(1)可以进行机读,提高了自动化程度。

(2)可以方便地进行票卡生产,成本较低。

(3)可以循环使用,能源消耗较低。

但由于磁卡车票运营成本较高,推广较困难,主要表现在以下几个方面:

(1)票卡成本相对较高,虽然可采用回收重复使用模式,但存在要对客票进行消毒处理、提供报销凭证、客票回收后各站对其清空与分配的问题,给运营单位增加了负担。

(2)自动售检票系统要频繁地对磁卡车票进行接触式读写,不可避免地要每天投入大量人力物力对磁头进行消磁和除尘清洗。

(3)磁卡车票的自动售检票系统设备由于需要较精密的传输机构,机械结构复杂,精密度要求高,因而设备造价较高,对维护人员的素质要求也较高。另外,由于机械动作频繁,造成机械磨损后的维护成本较大。

(4)磁条的读写次数有限,当磁卡使用到一定次数后,就会对磁条的读写产生影响。

(5)磁卡使用中容易受到诸多外界磁场因素的干扰而改变存储内容。

(6)由于密钥随票携带,极易被复制伪造,磁卡的安全技术已难以满足越来越多的对安全性要求较高的应用需求。

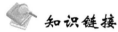

磁卡车票的运作流程

磁卡车票运作流程如图2-4所示。

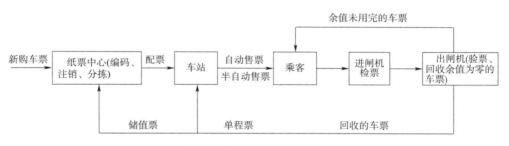

图2-4 磁卡车票运作流程

三、智能卡车票

智能卡是IC卡(集成电路卡)的一种,是将一个专用的集成电路芯片镶嵌于符合ISO/ICE 7816标准的塑料基片中,封装成外形与磁卡类似的卡片形式,即制成一张IC卡。当然也可以封装成纽扣、钥匙、饰物等特殊形状。由于智能卡添加了射频技术,所以它不需要与读写器进行任何物理接触就能进行数据交换。

智能卡配备有微电脑CPU(Central Processing Unit,中央处理器)和存储器RAM(Ramdom-Access Memory,随机存取存储器),可自行处理数量较多的数据而不会干扰主机CPU的工作,适应于端口数目较多且通信速度需求较快的场合。这种既具有智能性又便于携带的卡片,为现代信息处理和传递提供了一种全新手段。它作为一种新型工具,已被广泛应用于众多领域。

1. 智能卡的分类

1）按集成电路芯片划分

智能卡按集成电路芯片的不同,划分为存储器卡、逻辑加密卡、CPU卡和超级智能卡。

(1)存储器卡。

存储器卡的卡内芯片为电擦除式可编程只读存储器(Electrically Erasable Programmable Read-only Memory, EEPROM),以及地址译码电路和指令译码电路。它仅具有数据存储功能,没有数据处理能力;存储卡本身无硬件加密功能,只在文件上加密,很容易被破解。这种卡片存储方便、使用简单、价格便宜,在很多场合可以替代磁卡。该类IC卡不具备保密功能,因而一般用于存放不需要保密的信息。

(2)逻辑加密卡。

逻辑加密卡除了具有存储卡的EEPROM外,还带有加密逻辑,每次读写卡之前要先经过密码验证。如果连续几次密码验证错误,卡片将会自锁,成为死卡。加密逻辑电路可在一定程度上保护卡和卡中数据的安全,但这只是低层次防护,无法防止恶意攻击。该类卡片存储量相对较小,价格相对便宜,适用于有一定保密要求的场合。

(3)CPU卡。

CPU卡的芯片内部包含微处理器单元(CPU)、存储单元和输入/输出接口单元。CPU卡在管理信息的加/解密和传输方面,能够严格防范非法访问卡内信息的行为,发现数次非法访问,将锁死相应的信息区。CPU卡的容量有大有小,价格比逻辑加密卡要高,但CPU卡良好的处理能力和保密性能使其成为IC卡发展的主要方向。CPU卡适用于保密性要求特别高的场合。

(4)超级智能卡。

在CPU卡的基础上增加键盘、液晶显示器、电源,即成为超级智能卡,有的卡上还具有指纹识别装置。

2）按读写方式划分

智能卡按读写方式的不同,划分为接触式IC卡、非接触式IC卡、双界面卡。

(1)接触式IC卡。

接触式IC卡是指将智能卡的绝大部分电气部件进行封装,而将外部连接线路做成触电外露,按一定的规则排列接触电极的卡片,在进行读写操作时卡片必须插入读卡器的卡座中,通过触电与读卡设备交换信息。

(2)非接触式IC卡。

非接触式IC卡通过智能卡的收发天线与读写设备交换信息。非接触式IC卡又称射频卡,由IC芯片、感应天线组成,封装在一个标准的塑制卡片内,芯片及天线无任何外露部分。它成功地将射频识别技术和IC卡技术结合起来,解决了无源(卡中无电源)和免接触这一难题,是电子器件领域的一大突破。卡片在一定距离范围(通常为5~10cm)靠近读写器表面,通过无线电波的传递来完成数据的读写操作。

(3)双界面卡。

双界面卡是基于单芯片的、集接触式与非接触式接口为一体的智能卡,这两种接口共享同一个微处理器、操作系统和应用数据EEPROM。卡片包括一个微处理器芯片和一个与微处理器相连的天线线圈,依靠由读写器产生的电磁场提供能量,通过射频方式实现能量供应和数据传输。

双界面卡工作原理如图 2-5 所示。

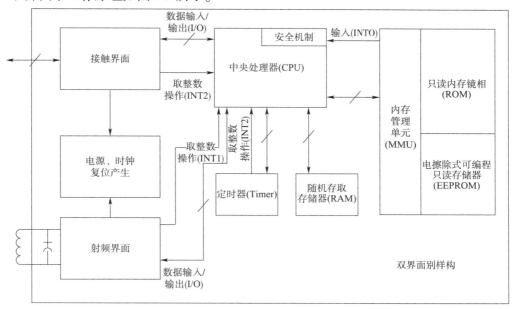

图 2-5　双界面卡工作原理

2. 接触式和非接触式 IC 卡

1) 接触式 IC 卡

(1) 接触式 IC 卡的结构。

接触式 IC 卡由微处理器、操作系统、加密逻辑、串行电可擦可编程只读存储器(EEPROM)及相关电路组成。接触式 IC 卡一般由基片、接触面及集成电路芯片构成。目前基片多为聚氯乙烯(PVC)材质,也有塑料或纸质材料。

 知识链接

聚 氯 乙 烯

PVC 其实是一种乙烯基的聚合物质,其材料是一种非结晶性材料。PVC 材料在实际使用中经常加入稳定剂、润滑剂、辅助加工剂、色料、抗冲击剂及其他添加剂,具有不易燃性、高强度、耐气候变化性以及优良的几何稳定性。PVC 对氧化剂、还原剂和强酸都有很强的抵抗力。

IC 卡接触面:金属材质,一般为铜制薄片,其集成电路的输入输出端连接到大的接触面上,这样便于读写器的操作,也有助于延长卡片使用寿命;触点一般有 8 个,有的智能卡设计成 6 个触点。

IC 卡集成电路芯片:通常非常薄,在 0.5mm 以内,直径大约为 1/4cm,一般为圆形,也有方形,内部芯片一般有中央处理器(CPU)、随机存取存储器(RAM)、只读内存镜像(ROM)、EEPROM 等。

接触式 IC 卡触点分布示意图如图 2-6 所示。

(2) 接触式 IC 卡与磁卡比较。

接触式 IC 卡的外形与磁卡相似,它与磁卡的区别在于数据存储的媒介不同。磁卡是通过卡上磁条的磁场变化来存储信息的,而接触式 IC 卡是通过嵌入卡中的电擦除式可编程只读存储器来存储数据信息的。因此,与磁卡相比较,接触式 IC 卡具有以下优点:

①存储容量大。磁卡的存储容量大约为 200 个数字字符;IC 卡的存储容量根据型号不同而不同,小的几百个字符,大的上百万个字符。

②安全保密性好。IC 卡上的信息能够随意读取、修改、擦除,但都需要密码。

③IC 卡具有数据处理能力。IC 卡在与读卡器进行数据交换时,可对数据进行加密、解密,以确保交换数据的准确可靠;而磁卡则无此功能。

④IC 卡的抗磁性、抗静电、抗各种射线的能力以及抗机械、抗化学破坏的能力也比较强,因此接触式 IC 卡的寿命较长,其相关设备的成本也较磁卡低。

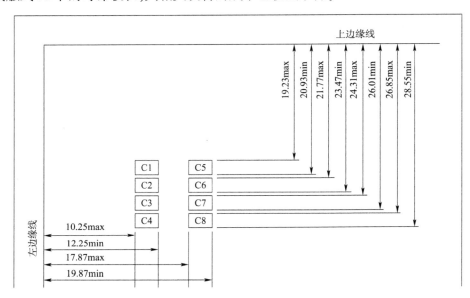

图 2-6　接触式 IC 卡触点分布示意图(尺寸单位:mm)

在普及过程中,接触式 IC 卡也存在下列弊端:

①接触式 IC 卡在读写器上经常拔插,会造成磨损,导致卡与读写器接触不良,从而引起数据传输错误,同时磨损会使卡和读写器的使用寿命大大缩短,如由于粗暴、倾斜或不到位插卡,非卡外物插入,以及灰尘、氧化、脱落物或油污导致接触不良,并进一步使卡出现故障。

②集成电路芯片有一面在卡片表面裸露,容易造成芯片脱落、静电击穿、弯曲和扭曲损坏等问题。

③接触式 IC 卡触点上产生的静电可能会破坏卡中的数据,存在因环境腐蚀或保管不当造成卡触点损坏,使 IC 卡失效的风险。

④接触式 IC 卡的通信速率较低,再加上插拔卡的动作延误,造成每一笔交易需要较长等待时间,严重影响其在需要快速响应场合的应用。

2)非接触式 IC 卡

非接触式 IC 卡,又称射频卡,诞生于 20 世纪 90 年代初,由于具有磁卡和接触式 IC 卡不可比拟的优点,使之一经问世,便立即引起广泛的关注,并以惊人的速度得到推广应用。

非接触式 IC 卡由集成电路芯片、感应天线完全密封在一个标准塑制卡片中构成,无外露部分。非接触式 IC 卡的读写过程,通常由非接触式 IC 卡与读写器之间通过无线电波来完成。

非接触式 IC 卡的构成如图 2-7、图 2-8 所示。

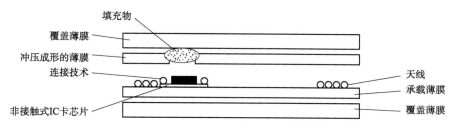

图 2-7 非接触式 IC 卡截面

非接触式 IC 卡的工作原理如下:

非接触式 IC 卡本身是无源体,它与读卡器之间通过无线电波来完成读写操作,二者之间的通信频率为 13.56MHz。读写器一般由单片机、专用智能模块和天线组成,并配有与电脑连接的通信接口、打印口、输入/输出(I/O)接口等,以便应用于不同的领域。

读写器发射激励信号(一组固定频率的电磁波),数字信息调制在该射频信号上。

非接触式 IC 卡进入读写器工作区,被读写器信号激励。在电磁波的激励下,卡内的 LC(L、C 分别是电感、电容的物理符号)串联谐振电路产生共振,从而使电容内有了电荷,当所积累的电荷达到 2V 时,此电容就可以作为电源为其他电路提供工作电压,供卡内集成电路工作所需。同时卡内的电路能够对接收到的谐振信号进行解调,还原数字信息,对信息进行分析处理,判断发自读写器的命令,如需在电擦除式可编程只读存储器中写入或修改内容,还需将 2V 电压提升到 15V 左右,以满足写入电擦除式可编程只读存储器的电压要求。

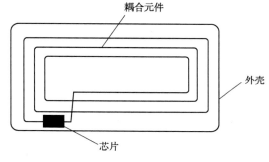

图 2-8 非接触式 IC 卡平面

非接触式 IC 卡对读写器的命令进行处理后,发射应答信息(将应答信息调制到射频信号上)给读写器。读写器接收非接触式 IC 卡的射频信号并进行解调,还原出应答信息。

非接触式 IC 卡系统框架图及读写系统框架图如图 2-9 ~ 图 2-11 所示。

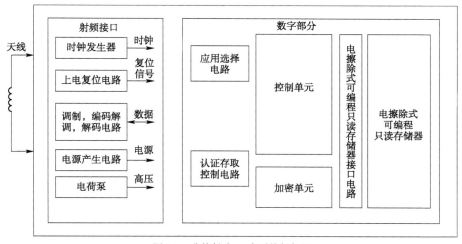

图 2-9 非接触式 IC 卡系统框架图

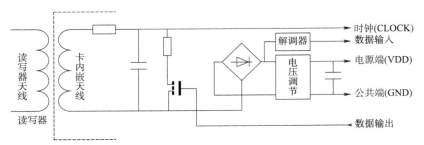

图 2-10 非接触式 IC 卡与读写器接口电路图

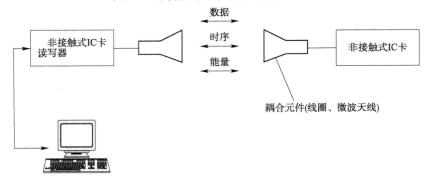

图 2-11 非接触式 IC 卡与读写器接口示意图

非接触式 IC 卡所形成的读写系统在硬件结构和操作过程方面都得到了很大的简化,同时借助于先进的管理软件和可脱机的操作方式,都使数据读写过程更为简单。

3. 筹码型 IC 卡车票与卡型 IC 卡车票

非接触式 IC 卡按需要可封装为卡型、筹码型或者其他形状。卡型 IC 卡外形和磁卡比较相似。

筹码型 IC 卡是在直径为 30mm、厚度为 2mm 的非金属材料圆盘内,嵌装集成电路芯片及天线,通过电感耦合的方式与筹码读写器进行操作的 IC 卡,简称筹码(Token)。

目前,国内其他城市的地铁专用单程票,采用的均是非接触式 IC 卡车票,其封装形式主要分为筹码型和卡型两种。北方城市用卡型比例较高,南方城市使用筹码型比例高。

1) 筹码型 IC 卡车票

筹码型 IC 卡车票设计寿命为擦写 30 万次,每分钟可通过 40~50 人,如图 2-12 所示。乘客进站时,将车票放在检票机读写器的有效距离内,若车票有效,检票机阻挡装置会自动开启,乘客即可入站。出站时,乘客在出站检票机上投入车票,车票靠自身重量滑落,其间检票机读写器会自动读取卡内信息,若车票有效,则自动开启阻挡装置,允许乘客出站。

(1) 优点。

筹码型 IC 卡车票有塑料封装保护,即使票面稍有损坏依旧可以使用;与储值票区别明显,不会被乘客误带走;采用重力驱动(自由落体原理和圆形滚动原理进行传输),设备结构简单,维修成本低。

图 2-12 深圳地铁筹码型单程票

(2) 缺点。

筹码型 IC 卡车票尺寸较小,使用时容易丢失;需结合本地居民的使用特色与使用习惯选用,如冬季需戴手套,则进站出站携带不便,容易丢失。本地居民是否习惯使用硬币,也应作为是否选择筹码型 IC 卡的考虑因素。

2015 年筹码型 IC 卡车票投入使用的城市有广州、深圳、东莞、南京、武汉、天津、长沙、南宁、厦门、南昌等。

2) 卡型 IC 卡车票

卡型 IC 卡车票设计寿命为擦写 1 万次,每分钟可通过 30~40 人,如图 2-13 所示。

图 2-13　杭州地铁卡型单程票

乘客进站时,将卡型 IC 卡车票放置在检票机读写器的有效距离内,若车票有效,检票机阻挡装置自动开启,乘客即可入站。出站时,乘客在出站检票机上插入车票,通过车票回收装置,由其传输机构送入检票机,传输过程中检票机读写器读取卡内信息,车票有效时则自动开启阻挡装置,允许乘客出站;单程票则被送入票箱回收。

(1) 优点。

车票大小适中,乘客操作舒适。

(2) 缺点。

车票在使用中容易产生弯曲,导致报废;车票易粘污垢,会严重影响传送和读写,清洗工作量较大;车票传输采用电动机驱动,皮带传输,结构复杂。以某地铁 1 号线 24 个站(每个站以 10 台售票机、20 台检票机的平均数量估算)为例,使用卡型车票要比筹码型车票多花费近千万元的建设成本,且每年要多花 200 万元用于设备维修。乘客容易将卡型 IC 卡储值票和卡型 IC 卡单程票混淆,这一方面会影响出站检票及通行速度,另一方面会造成票卡流失。

目前,使用卡型 IC 卡车票的城市有北京、上海、西安、香港、成都、宁波、无锡、苏州、杭州、重庆、沈阳、大连、青岛、长春、郑州等。

4. 异形 IC 卡

标准 IC 卡是指符合国际统一标准尺寸的 IC 卡,尺寸是 85.5mm×54mm×0.76mm。而今由于个性的需求,IC 卡的印制不受尺寸的限制,因此在世界各国出现了不少形形色色的"怪异"卡,此类卡称为异形卡(图 2-14、图 2-15)。其中诸如长方形、正方形、三角形、椭圆形等几何形 IC 卡,称为"非标准 IC 卡";动物形状、娃娃形状等一些特别形状的几何形 IC 卡称为"异形 IC 卡"。相对而言,"异形 IC 卡"的制作工艺要比"非标准 IC 卡"难度更大一些。

图 2-14　北京地铁异形 IC 卡

图 2-15　成都地铁异形 IC 卡

异形 IC 卡并不是指某种类型的卡。通俗地说,形状不规则的 IC 卡都可以称为异形 IC 卡。异形 IC 卡内可以封装各种各样的芯片,可以具有多种不同功能。

知识链接

北京地铁票卡史

由于最初属于战备工程,北京地铁在通车后很长时间内不对公众开放,需凭介绍信参观及乘坐。地铁 1 号线的参观券如图 2-16 所示,该参观券于 1969 年 10 月 1 日启用。

1971 年北京地铁一期工程线路开始试运营,实行内部售票,票价 1 角钱,如图 2-17 所示。1 角车票于 1971 年 1 月 15 日启用。

图 2-16 北京地铁 1 号线的参观券　　　　图 2-17 北京地铁 1 角车票

2 角车票于 1987 年 12 月 28 日启用,如图 2-18 所示。

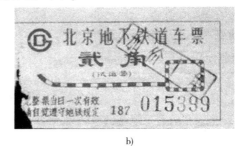

a)　　　　　　　　　　　　　　　　b)

图 2-18 北京地铁 2 角车票

3 角车票于 1987 年 12 月 28 日启用,如图 2-19 所示。

2002 年 9 月 28 日,北京市第一条以地面和高架为主的快速轨道交通线路——北京地铁 13 号线(西线)竣工通车试运营。13 号线(西线)开通后,最小运行间隔 10min,最大间隔 17min,采用人工售检票,实行单一票制,单程每人次 3 元,换乘地铁联票单程每人次 5 元。

3 元车票,北京地铁 1 号线、2 号线单程车票,于 2002 年 9 月 28 日启用,如图 2-20 所示。

图 2-19 北京地铁 3 角车票　　　　图 2-20 北京地铁 3 元车票

5元车票是北京地铁13号线与1号线、2号线换乘车票,于2002年9月28日启用,如图2-21所示。

图2-21　北京地铁5元车票

图2-22是北京公交地铁联合季度票,凭此票可以乘坐公交或地铁,相对于当时单线乘坐2元(八通线单次)、3元(1、2号线单次)的价格,凭此票可以80元1个月不限次数乘坐。

北京地铁IC卡月票最早在2006年4月1日发行,月票为每月50元限乘140次,随后管理部门于当年5月份将月票每月上调至60元,限乘140次,如图2-23所示。北京地铁IC卡月票于2007年11月取消。

图2-22　北京公交地铁联合季度票

图2-23　北京地铁IC卡月票

2007年10月7日起,北京地铁实行单一票制,票价为2元。"2元时代"的纸质票如图2-24所示。

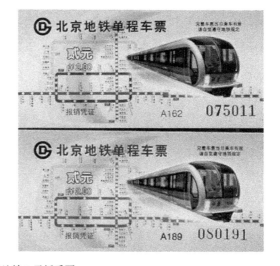

图2-24　北京地铁2元纸质票

图2-25中的老式刷卡机称为"简易IC卡系统",于2006年4月北京市推广市政公交一

图 2-25　北京地铁老式刷卡机

卡通以及将地铁纸质月票更新为 IC 卡时亮相。并在同年 5 月于当时的 1 号线、2 号线、八通线上正式使用,作为自动售检票系统开通前的过渡,与纸票并行使用。2008 年 6 月自动售检票系统开通,纸质车票退出舞台。

单程磁卡票如图 2-26 所示。

北京市政交通一卡通卡(图 2-27),可以使乘客省去每次乘车必须买票的流程,提高了出行效率。

北京地铁还发行过许多版本的纪念票。印有 BEYOND 演唱会广告的文化票,发行于 2005 年,如图 2-28 所示。

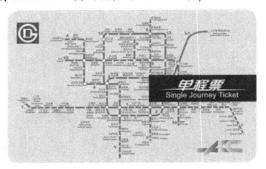

a)正面

b)背面

图 2-26　北京地铁单程磁卡票

图 2-27　北京市政交通一卡通卡

图 2-28　印有 BEYOND 演唱会广告的文化票

北京地铁还发行过许多版本的纪念票,如迎接丙戌新年的文化票,发行于 2006 年,如图 2-29 所示。

图 2-29　迎接丙戌新年的文化票

纪念市政公交一卡通卡发行 1000 万张的文化票,发行于 2007 年,如图 2-30 所示。

图 2-30　纪念市政公交一卡通卡发行 1000 万张的文化票

纪念汶川地震的地铁票,发行于 2008 年,如图 2-31 所示。

图 2-31　纪念汶川地震的地铁票

2014 年 12 月 27 日,北京地铁"2 元时代"宣告结束。

任务实施

一、一卡通认知

一卡通系统是利用先进的计算机、通信、信息处理、IC 卡技术以及安全保密等技术手段建立的以售卡、充值、结算为中心业务的服务平台,该系统采用非接触式 IC 卡作为支付介质,应用于市政、公共交通等领域。一卡通卡是城市轨道交通自动售检票系统中的车票介质,按照统一规则、统一卡片类型及统一管理模式在城市轨道交通各线路中使用。

随着国家对信息化建设投入的不断加大,"数字城市"的概念越来越清晰。特别是在国内的一些大、中型城市中,数字化、信息化已逐渐渗透到市民的日常生活当中,并能做到与世界同步,与全球信息化、数字化接轨。

一卡通系统是信息化城市的一个重要组成部分,真正的一卡通应该能够覆盖城市居民生活各个领域的支付活动,并能够支持身份认证,能够完成公共事业的预收费,以及金融、旅游、医疗等多个领域的快速结算和支付,保证各领域的身份认证和信息存储查询。国内一些大城市如北京、上海、香港、广州、深圳、南京等地都已广泛应用。

乘客在整个城市轨道交通路网内,使用一卡通卡从一条线路到另一条线路无须二次检票,可自由换乘;乘客在换乘站不需要先出站进入非付费区,再进站到另一条线的付费区,而是直接在换乘站的付费区换乘到另一条线路。

上海一卡通卡、香港八达通卡、广州羊城通卡、深圳通卡、南京金陵通卡,如图2-32～图2-36所示。

图2-32 上海一卡通卡

图2-33 香港八达通卡

图2-34 广州羊城通卡

图2-35 深圳通卡

图2-36 南京金陵通卡

二、北京市政交通一卡通卡规格要求

北京市城市轨道交通一票通车票及一卡通卡的媒介均采用非接触式IC卡。城市轨道交通单程票、出站票、福利票、定值纪念票车票规格按照ISO 14443 Type A 标准的Mifare® UltraLight 制作,封装材料采用PVC等制作。

城市轨道交通员工票和车站工作票等车票规格按照ISO 14443 Type A 标准的Mifare® 1 制作,车票封装材料采用PVC/PET等制作。

市政交通一卡通公司发行的储值卡规格按照 GB/T 14916 和 ISO 14443 Type A 制作,芯片可以采用 Mifare® 1(S50、S70)、Mifare® Pro、Mifare® DESFire 等多种标准制作。

 知识链接

北京市政交通一卡通

北京一卡通,最初是只指"北京市政公交车一卡通",后来,商家为了竞争,提供了可以使用一卡通卡进行消费的方便服务,于是公交一卡通便成了真正的"北京一卡通",不仅可以乘公交使用,还可以在超市等商店消费、在电影院看电影。北京市政交通一卡通是一张集成电路卡,每张卡内装有高科技芯片,该芯片具有电子钱包及其他功能,可储存多次付款记录,亦可反复充值使用。

2006年4月1日起,北京市政交通一卡通卡开始预售;2006年5月10日,一卡通全面正式启用,每月每卡限乘140次。截至2007年12月10日,一卡通系统共计发卡1463万张,日均交易1100万笔,最高达1216万笔,系统累计处理交易达49.7亿笔。

就交通领域的使用情况看,北京市政交通一卡通刷卡交易量居全国第一位。随着发卡量的不断增加,持卡人群的不断扩大,广大持卡人希望一卡通卡提供更广泛支付领域的需求不断提升。一卡通卡消费范围包括公交、轨道交通、出租车、停车场、加油站加油、公园景点、北京联通公用电话亭、电影院、医院、超市、便利店、餐饮、书店、药店等多种场合。

2010年5月17日,北京联通与北京市政交通一卡通公司联合推出了"联通手机一卡通"服务,让联通的手机用户可以持手机刷公交、地铁、小额支付等,如同刷一张普通的北京市政一卡通卡。"联通手机一卡通"包括一部联通定制手机终端、一张智能卡以及30元一卡通账户使用费。与市面上普通手机不同的是,这种定制手机根据手机支付的需求进行了少许改造,在后背加装了一个天线,手机里的 SIM(用户身份识别卡的简称)卡是握奇 SIMpass 双界面卡。联通手机一卡通服务已于2010年12月31日起开始施行。

 任务评价

根据以上学习内容,评价自己对本模块内容的掌握程度,在下表相应空格里打"√"。

评价内容	差	合格	良好	优秀
对纸质车票发展的掌握程度				
对磁性票卡构成、设计等的掌握程度				
对各类智能票卡的掌握程度				
对一卡通的认知程度				
学习中存在的问题或感悟				

任务二　票卡管理

 相关知识

车票是乘车票据的总称,是乘客和交通运输部门发生运输关系的依据,也是乘客支付票款和乘车的凭证。

车票作为乘客付款、乘车的一种有效凭证,其所载信息应完整准确,能满足所采用票制及票务服务方式的需要;其设计制作应经济实用,并具有一定的防伪功能。

票制

1.票制的分类

城市轨道交通是一项高投入、高效益的服务型产品,其高效益主要体现在对社会经济的间接推动上,同时可以采取适当的票价政策获得部分收益。由于不同国家不同地区所给予的政策支持不同,各地票卡种类也存在很大的差别。

城市轨道交通专用票包括单程票、出站票、往返票、福利票以及一日票、区段计次票、区段定期票、纪念票(定值纪念票、计次纪念票、定期纪念票)、员工票、车站工作票、储值票(预留)等。相关资源见二维码4。

二维码4

城市轨道交通票制分为基本票制和辅助票制,如图2-37所示。

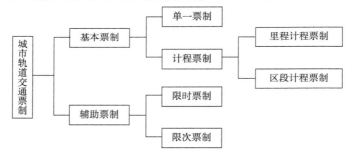

图2-37　票制分类示意图

1)基本票制

基本票制是城市轨道交通运营企业在确定票价时应用的主要票制,包括单一票制和计程票制。

(1)单一票制:即不论乘客乘行里程远近,票价均相同的计价方式。

单一票制按其使用范围,可分为一条线路上的单一票制和多条线路上的单一票制两种。一条线路上的单一票制是指在某一条城市轨道交通线路上,不论乘行里程远近,票价均相同的计价方式,乘客换乘另一线路时需另购车票;多条线路上的单一票制是指在两条或两条以上的城市轨道交通线路以至整个城市轨道交通路网上,不论乘行里程多少,票价均相同的计价方式,乘客换乘时不需另购车票。

单一票制由于票价计价方式一致,售检票工作相对简单,便于票务管理和客运组织;对于乘客而言,购票计算简便,只需进出站检票,免去了持票乘车、超乘补票等不便,减少了乘客在票务环节上所占用的时间。

单一票制车票设计制作简单,成本较低,可适用载体范围较广;人工、半自动、自动售检票系统都能应用;票务服务系统技术相对简单,投资较低,但对运营管理而言,统计客流信息的方式原始、落后,需占用大量人力组织客流调查,为运营管理提供的数据信息时效性、准确性及全面性较差。

单一票制通常以平均乘距为依据确定票价,在运营线路较长的情况下,该线路对长途客流吸引较大,对短途客流吸引较小。在城市轨道交通运营企业提供的以位移为核心的运输产品作为衡量标准的前提下,对出行距离不同的乘客而言,收费不尽合理。

(2)计程票制:即按乘客乘行路程的远近,划分不同票价等级的计价方式。

计程票制按乘车距离的远近确定不同的票价,提高了票价的合理性,对短、中、长途乘客都具有吸引力,能够合理调配不同乘距乘客的运输比例,可最大限度地发挥城市轨道交通的运输作用,为实行灵活的价格策略奠定了基础,从而可提高企业的经营效益。

计程票制按乘车距离收费,进出站均需检验票,人工作业难度较大,通常配置自动售检票系统解决这一问题。自动售检票系统可提高城市轨道交通票务服务和票务管理的自动化水平,实时提供进站量、出站量、断面流量等运营组织所需的客流信息,为城市轨道交通系统科学调配运力、提高运营经济合理性创造了必要的条件。

计程票制按其计程方法可分为里程票制和区段票制等,其区别如表2-2所示。

计程票制比较表 表2-2

类别	里程计程票制	区段计程票制
定义	以1km作为基本计价单位,累计加价的计程票制	以规定里程作为基本计价单位,累计加价的计程票制,是城市轨道交通广泛采用的一种计程票制
优点	收费标准精确合理	收费等级少,计费易于取整,操作简单易行,方便乘客
缺点	收费等级多,计费难以取整,增加系统的复杂性	计费不够精确

2)辅助票制

在确定了使用的基本票制后,城市轨道交通运营企业常常采用辅助票制对票制政策加以完善,辅助票制可分为限时票制、限次票制等。

(1)限时票制:在计程票制的基础上,限定乘客在城市轨道交通系统内的乘行及滞留时间,当超过规定的车票有效使用时段后,加收一定票款的计价方式。该票制的实行需配置具有计时功能的票务服务系统,进站检票计时,出站验票验时,超时补票。限时票制通过超时补票,引导乘客不在城市轨道交通系统内长时间滞留,能够为缓解站内、车内拥挤和改善乘车秩序创造条件。

(2)限次票制:限定乘客乘行城市轨道交通工具次数的一种票制,通常结合乘行区段及时间的限定一起使用。

 知识链接

计次票、计时票、计程票的特点

(1)计次票是指在车票规定的有效期内,使用该票可在任何地铁车站进站乘车,由出站闸机扣除一个乘次,不计站数,每次扣除的费用是相同的。

(2)计时票是指为避免乘客在列车上或车站付费区内长时间逗留而造成不必要的拥堵,城市轨道交通运营企业对乘客从进闸机检票时起至出闸机检票时止的时间做出限定(乘车时限),超过乘车时限即为滞留超时,运营企业往往会对这部分乘客收取一定金额的费用,如广州地铁公司规定,乘客从入闸机时起至出闸机时止时限为120min。

(3)计程票指经进出站检票,严格按照乘客实际乘坐距离长短(里程或站数),按照票价计费标准计算乘车费用。

在政府给予较大幅度直接补贴的情况下,城市轨道交通运营企业成本负担较轻,可以增加让利于民的幅度,同时可简化计价方式,可采用以计次为主的计次票、计时票、计时计次票、许可票四类票卡。

在政府不能给予城市轨道交通运营企业较大幅度直接补贴的情况下,企业成本负担较重,为了回收投资及维护运营需要,必须强化票务收入,此时票卡一般采用以计程为主的计次票、计时票、计程票、计时计程票、计时计次票和许可票六类。

1)城市轨道交通专用票规格要求

(1)北京城市轨道交通一票通车票及一卡通卡的媒介均采用非接触式IC卡。

(2)城市轨道交通专用票规格采用ISO 14443 Type A 标准。

(3)城市轨道交通专用储值票、区段计次票、区段定期票、计次纪念票、定期纪念票、员工票和车站工作票等车票规格应符合ISO 14443 Type A 标准的 Mifare® 1,车票封装材料可采用PVC/PET等。

(4)城市轨道交通单程票、出站票、往返票、一日票、福利票、定值纪念票等车票规格应符合ISO 14443 Type A 标准的 Mifare® UltraLight。车票封装材料可采用PVC等,卡片外形尺寸为 86mm×54mm×0.50mm。

(5)城市轨道交通专用票预留规格应符合ISO 14443 Type B 协议。

2)车票的使用和回收方式

(1)乘客凭有效车票经检票设备检票进入付费区,凭有效车票经检票设备检票出付费区。

(2)区段计次票、区段定期票、计次纪念票、定期纪念票、员工票、车站工作票和轨道交通专用储值票的车票使用方式为进出站均须刷卡。

(3)单程票、出站票、往返票、一日票、福利票、定值纪念票车票使用方式为进付费区时须刷卡,出付费区须将卡插入检票设备回收。

(4)单程票、出站票、往返票、福利票为回收类车票,回收方式分别为单程票、出站票、福利票出付费区时由检票设备回收;往返票往程出付费区时不收回,返程出付费区时由检票设备回收。回收车票可在站内或系统内循环使用。

(5)除回收类车票外,其他车票均为不回收类车票。

知识链接

储值票分类与票卡票制

1.储值票分类

储值票一般分为以下几种:

(1)普通储值票。普通储值票是储值票中使用最多最广泛的一种车票,可以反复充值使用,每次使用根据费率表扣费。

(2)优惠票。优惠票即根据条件给予一定的折扣和优惠的车票,如老人票、学生票、免费票等。

(3)纪念票。纪念票即为某种题材专门制作的纪念性票卡,可供收藏,定价发行,能够在有效期内使用,不记程,出站不回收。纪念票一经售出,概不退换。北京地铁票卡类别如

图 2-38 所示,香港地铁纪念香港回归纪念票如图 2-39 所示。

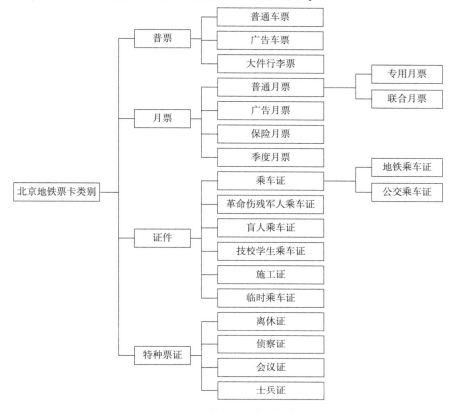

图 2-38　北京地铁票卡类别

2. 票制选择

企业在选择票制时,应考虑本系统应用的售检票方式及近、远期运营需求,在方便乘客的前提下,优化现有票制,最好具备计程、计次、分区段、分时计价等基本功能。运营初期,乘客对新的收费系统需要一个熟悉和适应的过程,票制设置应尽量简单;考虑未来运营发展,系统还应预留一定量的票制,确保今后可根据需要灵活调整。

票制选择原则是:

(1)方便乘客,简单实用。

(2)满足各类乘客的乘车需求。

(3)考虑票务管理及客运组织的可行性。

(4)满足设备维修、测试等功能需求。

(5)考虑社会效益、企业经济效益的充分发挥。

城市轨道交通运营企业在确定其票制时,通常要综合考虑乘客运距,乘客占用付费区(一般以检票口为界,检票口内即为付费区)时间,乘坐时间段(如节假日与工作日,高峰期与平峰)等因素,考虑计程、计次、分区段、分时计价等基本功能来确定票制。

图 2-39　香港地铁香港回归纪念票

3. 主要票制介绍

AFC 系统票卡票制定义如表 2-3 所示。

AFC系统票卡票制定义　　　　表2-3

序号	票制		定义	规格	挂失	出站回收	限当日使用	再次充值（次）	备注
1	单程票		当日一次乘车使用，限在购票车站进站，按乘车里程计费	Mifare® Ultra Light	×	√	√	×	
2	出站票		由半自动售/补票设备发售，仅限发售出站票的车站当日出站时使用	Mifare® Ultra Light	×	√	√	×	
3	往返票		当日限定两车站间一次往返乘车时使用，按乘车往返里程计费，超程时须补出站票出站	Mifare® Ultra Light	×	√	√	×	往程出站时不回收，返程出站时回收
4	一日票		在购票当日内不限次使用，车票使用时须检查进出站次序	Mifare® Ultra Light	×	×	√	×	
5	福利票		适用持可免票证件的乘客在半自动售/补票设备换取的车票，使用方式与单程票相同	Mifare® Ultra Light	×	√	√	×	
6	区段票	区段计次票	在有效期内规定区段内计次使用。超过规定区段，须补票	Mifare® 1	×	×	×	√	再次充值后，有效期延长
6	区段票	区段定期票	在规定区段内定期使用。超过规定区段，须补票	Mifare® 1	×	×	×	√	再次充值后，有效期延长
7	纪念票	定值纪念票	在有效期内使用，每次乘车按里程计费	Mifare® Ultra Light	×	×	×	×	
7	纪念票	计次纪念票	在有效期内计次数使用，每次乘车不计里程	Mifare® 1	×	×	×	×	
7	纪念票	定期纪念票	在有效期内不限次使用，每次乘车不计里程	Mifare® 1	×	×	×	×	
8	员工票		内部员工记名使用的计次票	Mifare® 1	√	×	×	√	

续上表

序号	票制	定义	规格	挂失	出站回收	限当日使用	再次充值（次）	备注
9	车站工作票	由车站工作人员持有，仅限指定车站使用，不检查进出站次序	Mifare® 1	√	×	×	×	

1）单程票

通过自动售票机或半自动售票机一次性发售的车票，出站时由自动检票闸机回收。

(1)普通单程票：适用于对城市轨道交通出行依赖性不强的乘客，限本站当日使用。

(2)出站票：适用于持无效票或无票乘客出站时使用的专用车票。出站票通过半自动补票机发售，仅限在发售出站票的车站当日出站时使用，并在出站时由自动检票闸机回收。

2）储值票

供乘客在地铁运营区段内多次使用的车票，出站时不回收，适用于对地铁出行依赖性较强的乘客，可反复充值使用。

储值票因需要长期使用，对耐用性要求较高，通常选用IC卡作为储值票使用。鉴于储值票对运营组织十分有利，地铁运营企业应鼓励乘客购买，并对购买储值票的乘客给予一定优惠。此外，由于IC卡成本较高，在乘客购买时，应收取成本押金。

储值票可分为以下几种：

(1)不记名储值票。购买储值票的乘客在票卡中存入足够的金额，运营企业按乘坐次数及里程扣除相应的金额。

(2)记名储值票。记名储值票与不记名储值票的区别在于记名储值票丢失后可挂失。

(3)学生储值票。学生储值票适用于学生乘客，给予一定的优惠，以满足学生乘车需求的车票。

(4)老人储值票。根据国家相关规定，给予老年人一定的优惠，满足其乘车的需求。

(5)区段计次票。在规定区段内计次定期使用，超过规定区段需补交超程部分的票款，次数为零时及超过有效期时需再次充值使用。

(6)区段定期票。在规定区段内定期使用，超过规定区段需补交超程部分的票款，超过有效期时需再次充值使用。

3）纪念票

在规定范围内使用的计程、计次、定期的具有收藏价值的车票。

4）一日票

适用于乘客一日内在全线任意使用，限发售当日有效的车票。其特点是方便旅游、购物的乘客出行；给予一定的优惠，一般不考虑回收。

5）测试票

测试票是开通前对系统设备进行调试、试验时使用，开通后对设备进行维修、诊断时使用的特殊车票。此种车票可以检测、试验自动售检票系统所使用的所有种类的车票，是一种特殊的集合票卡，该车票不统计客流量。

6）福利票

福利票是为持革命伤残军人证、盲人证、离休证、侦察证的乘客乘坐地铁而设置的一种免费票。此车票采用单程票形式,在售票处凭相应证件(相应证件采用电子识别标志)经识别记录后由半自动售票机出票。

7)行李票

行李票是依据现行的政策及标准而设立的一种特殊票制。此车票不在自动售检票系统设备中流通、使用,采用人工发售方式,一般为纸质车票,单一票价,进站检验。

8)团体票

适用于旅游团体一次购买大量单程票时使用的车票。其特点是减少团体乘客排队购票时间,有利于客运组织。

4.车票使用规定

(1)进站、出站检票时必须持有能够在本系统内使用的有效车票。

(2)车票的一次完整使用过程必须有一次进站记录和相应的出站记录。

(3)每张单程票、福利票仅限当日单人单次乘车使用,定值纪念票、一卡通卡每次乘车过程中仅限1人使用。

(4)定值纪念票可在有效期内多次乘车使用,不充值、不回收;一卡通卡可在一定时间内多次使用、反复充值;一卡通卡可以透支一次,透支额在下次充值时从充值额中扣除。

(5)1.2m以下的儿童免费乘车,但必须由成人带领,同行成人须按规定支付乘车费用;两名及以上儿童除一名免票外,其余也需支付乘车费用。

(6)使用福利票的乘客乘车时应同时携带本人免费乘车证件。

(7)乘客在付费区内将车票丢失、出站时无票的,需照章补票。

(8)对使用作废、涂改、伪造单程票乘客,强行进、出站乘客乘车费用的收取参照相关地铁车票使用办法中无票进站的规定执行。

(9)对涂改、伪造定值纪念票、一卡通卡乘客乘车费用的收取参照相关地铁车票使用办法中相关规定执行。

(10)不具备使用资格者违规冒用福利票时,按相关地铁车票使用办法中违规使用车票条款执行,如没收其车票并补交一定数额的票款。

(11)出现下列情况之一时,收取线路内到达本站的最高票款:

①乘客持无法确定进站地点的车票,无法出站时。

②乘客在付费区内将车票丢失,无法出站时。

(12)出站时因一票通票损坏不能正常出站,乘客须持损坏的车票到售票处免费换取出站票。

(13)因使用或保管不当造成的一票通车票损坏,需支付票卡成本费后换取出站票。

(14)使用一卡通卡无进站记录的乘客须到补票处按相关车票使用办法补交票款后,领取出站票出站。

(15)乘客进站检票后由于自身原因未到达目的地站,不办理退票。

 知识链接

优惠储值票办理规定

以某市地铁公司为例。

(1)办理储值票时,每张储值票收取车票押金20元。

(2)普通储值票给予9.5折、中小学生储值票给予7折、老年人储值票给予5折优惠。

(3)60~65周岁(不含65岁)的老年人可凭有效"××市老年人优待证"购买老年人储

值票。

(4)65周岁及以上的老年人可凭有效"××市老年人优待证"申请老年人免费票。

 任务实施

一、票卡流程

车票使用流程如图2-40、图2-41所示。

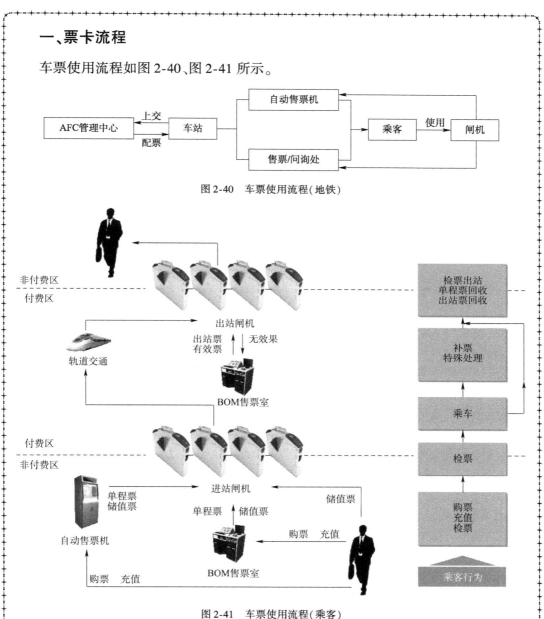

图2-40　车票使用流程(地铁)

图2-41　车票使用流程(乘客)

单程票由闸机回收,再由自动售票机售出;储值票可重复使用,出现问题可以送到售票问询处处理。

二、票卡库存管理、调配

为确保运营车站票卡库存量达到安全库存阀值范围,根据城市轨道交通一票通车票可在自动售检票系统内反复使用的特点,自动售检票管理中心、各运营公司须实时掌握所辖线路、车站票卡库存变化信息,适时启动票卡调配及申领工作。

各车站应于每月定期对车站一票通卡数量进行盘点,及时掌握票卡库存信息,一旦发现票卡库存不足,需及时向所属站区上报,由站区启动内部调配机制,保证车站票卡充足。

  任务评价

根据以上学习内容,评价自己对本模块内容的掌握程度,在下表相应空格里打"√"。

评价内容	差	合格	良好	优秀
对地铁票制的掌握程度				
对票卡流程及票卡库存管理、调配的掌握程度				
学习中存在的问题或感悟				

任务三 票价方案

  相关知识

一、合理确定票价的必要性

票价的确定直接关系到轨道交通运营企业的运营收入,与企业的经济效益密切相关。同时,票价高低又直接影响轨道交通系统的客流量与吸引力。科学合理地确定轨道交通系统的收费标准,满足目标乘客群体对票价的合理需求,可以有效占领城市客运市场,吸引客源,提高轨道交通运营企业的经济效益。

城市轨道交通运输产品的价值,一部分体现在所制定的收费价格上,也就是车票价格。但是,价格制定的高低,与企业收入并不完全成正比关系。如果票价过高,乘客无法承受,客流就会锐减,运输需求也会同时减少,这不仅会造成轨道交通设备的大量闲置和运力的浪费,而且会使轨道交通解决城市公共交通拥堵问题的社会效益无法发挥,抑制其今后的发展;同时,运营企业期望的高额运营收入会因客流总量的减少而难以实现。如果票价过低,同样不利于资源的合理配置和有效利用,会导致过量的运输需求,造成轨道交通设备和人员满负荷或者超负荷运营,超过车辆、设备的正常承受范围,致使运力紧张,安全状况恶化;此外,过低的票价有可能使运营成本与运营收入差距过大,从而严重影响运营公司的财务状况,导致轨道交通公司的正常运营难以维持。

因此,只有制定并实行合理、适当的票价,才能在保证运营安全的基础上,满足目标乘客群体的需求,最大限度地吸引客源,占领城市客运市场,使轨道交通企业在本行业中居于主导地位,使运营收入最大化。

二、制定票价的影响因素

1. 制定票价的原则

(1)应充分调查了解目标顾客群体对票价的承受能力。

(2)认真分析研究轨道交通运营管理企业的经营成本。

(3)在力求提高社会效益的基础上,使经营收入最大化。

2. 票价确定需要考虑的因素

（1）城市轨道交通企业的运输成本。

城市轨道交通以其安全、快速、准点、大容量、不受外界干扰等地面公共交通工具无可比拟的优越性成为解决城市公共交通问题的根本所在。但是，城市轨道交通所显示的优越性不是凭空产生的，是靠大量的资金投入换取的。不仅建设城市轨道交通线路需要巨额投资，维持城市轨道交通的正常运营也需要大量的资金投入。城市轨道交通建成运营后，其运营成本比其他公共交通方式要高很多。因此，在确定城市轨道交通收费价格时，必须充分考虑其高额的运营成本，尽可能缩小成本与收入的差距。

（2）乘客群体对票价的承受能力。

城市居民的出行方式有很多种类，如步行、自行车、公共汽车、城市轨道交通、出租车、自驾车等，城市轨道交通只是其中的一种。各种交通出行方式在价格上存在较大差异，这会直接影响人们对各种交通工具的选择。无论是何种交通方式，收费价格的制定都必须考虑乘客群体对其价格的承受能力，因为只有乘客肯定了收费价格的合理性，并且能够承担收费价格时，才会选择这种交通方式出行。

对于城市轨道交通运营管理企业来讲，在研究确定收费价格时，必须调查研究目标乘客群体的收入情况及其在交通费用支出方面的承受能力。

（3）城市中其他交通运输运营管理企业的性价比。

对城市居民出行方式选择产生影响的除收费价格这一主要因素外，还有出行时间、出行距离、方便程度、准点率、安全性、舒适度等多种因素。不同的交通出行方式，其旅行速度、安全程度、准点率、舒适度以及方便程度等都不尽相同（表2-4）。出行者一般根据自己的出行需求，选择性能和价格最优的出行方式。

城市客运市场各交通方式比较表 表2-4

项　　目	舒适度	站点方便程度	高峰时段准点率	抵抗外界干扰能力	票价经济性
公共汽车	★	★★★	★	★	★★★★
空调巴士	★★★	★★	★	★	★★★
出租车	★★★★	★★★★	★★	★★	★
地铁	★★★	★★	★★★★	★★★★	★★★

注：★表示情况较好。

因此，城市轨道交通在确定其收费价格时，也必须对其他公共交通出行方式在时间、安全程度、准点率、舒适度以及方便程度等方面开展调查研究，根据轨道交通自身的特点，确定合理的收费价格。

（4）社会综合效益。

城市轨道交通运营管理企业确定的收费价格，在考虑企业自身经济效益的同时，也必须兼顾社会效益，要立足于整个社会，追求全社会范围内最优的资源配置、最高的经济效率，公平的社会分配，使城市轨道交通巨大的运输能力得以发挥。

三、制定票价的思路

城市轨道交通运营管理企业作为城市客运企业，其产品是向乘客提供安全、准确、快速、舒适的运输服务,以实现乘客从始发地至目的地的位移。城市轨道交通收费价格的制定,必须综合考虑上述四方面因素,科学合理地处理好企业运营成本与乘客承受能力的关系、经济效益与社会效益的关系以及城市各种公共资源合理配置的关系,而不能站在局部立场,强调一方面利益。如果在制定城市轨道交通收费价格时,只考虑局部而没有考虑全部,将引发以下后果:

(1) 如果单从企业利益出发,为了回收高额的运营成本,收取费用过高,导致乘客因无力承担过高费用迫不得已选择其他交通出行方式,这对企业来讲,不仅收入因客流总量减少而减少,同时也会造成政府投入巨额资金建设的城市轨道交通线路的运输能力难以发挥。

(2) 如果不顾企业运营成本,只考虑乘客需求,必然会造成收取费用过低,导致企业收入过低,财务状况恶化;会导致过量的运输需求,致使运力紧张,并波及运营安全。

因此,确定城市轨道交通收费价格时,必须做到以下几点:

(1) 必须坚持以企业运营成本为基础,以乘客对收费价格的承受能力为依据,追求企业经济效益最大化,充分发挥城市轨道交通巨大的社会效益。

(2) 必须研究分析企业运营成本的构成,采取强有力的管理措施,尽可能地降低运营成本,缩小收费价格与成本的差距。

(3) 必须充分调查了解乘客的收入情况,摸清目标乘客群体对城市轨道交通费用收取的期望值。

(4) 必须掌握不同交通出行方式的各种特性。

在此基础上,把城市轨道交通收费价格折合成每公里运费,界定在出租车收费价格与公共汽车收费价格之间这个合理范围内。

票价制定思路如图 2-42 所示。

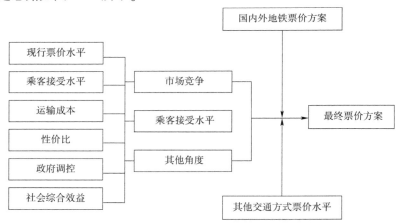

图 2-42 票价制定思路

 任务实施

一、北京地铁票价方案

北京地铁(除机场线外)实行计程限时票制,具体票价方案为起步 6km(含)内 3 元,6~12km(含)4 元,12~22km(含)5 元,22~32km(含)6 元,32km 以上部分,每增加 1 元可乘坐 20km。票价不封顶。

二、广州地铁票价方案

广州地铁线网票价按里程分段计价:起步4km以内2元;4~12km范围内每递增4km增加1元;12~24km范围内每递增6km增加1元;24km以后,每递增8km增加1元。

珠江新城旅客自动输送系统(简称APM线)实行票价2元的单一票制。

三、南京地铁票价方案

2014年7月1日起,南京地铁改为按里程计价,10km内2元,10km以上部分,每增加1元可乘坐里程6~14km。

四、上海地铁票价方案

上海地铁实行按里程计价的多级票价,0~6km 3元,6km之后每递增10km增加1元;票价计算采用最短路径法,即当两个站点之间有超过1条换乘路径时,选取里程最短的1条路径作为两站间票价计算依据。

比较北京、上海、广州、南京等城市的地铁票价政策,并计算乘坐20km,在这4个城市各需要多少钱?

模块训练

任务训练单

班级:　　　　　姓名:　　　　　训练时间:

任务训练单	票卡媒介认知
任务目标	了解地铁票卡分类、票制以及票价制定方法,能够识别各类票卡,对票卡进行管理,能够计算票价
任务训练 任务训练说明:请从下列任务中选择其中的两个进行训练 票卡识别、票卡流程、票卡库存管理、调配、人工计算票价	
任务训练一: (说明:总结作业流程,并在实训室进行实操训练或者上机在模拟软件上完成实操训练)	
任务训练二: (说明:总结作业流程,并在实训室进行实操训练或者上机在模拟软件上完成实操训练)	
任务训练的其他说明或建议:	
指导老师评语:	
任务完成人签字:　　　　　　　　　　　　　　　　　　　　　日期:　　年　　月　　日 指导老师签字:　　　　　　　　　　　　　　　　　　　　　　日期:　　年　　月　　日	

模块小结

本模块重点介绍了城市轨道交通票务系统的重要组成部分——票卡的相关内容,如种类、票制、票价、票卡流程及库存、调配管理。通过本模块的学习,学生要对票卡有所了解,并能够对在大客流突发进行人工售票时,对票价进行准确计算。

模块自测

一、填空题

1. 地铁票制分为_____和_____。
2. 基本票制包括_____和_____;辅助票制可分为_____、_____等。
3. 车票按车票介质的不同可分为_____、_____、_____等。
4. 车票按计价方式不同可分为_____、_____、_____、_____和_____等。
5. 售检票系统作业方式根据作业的环境分为_____、_____。
6. 封闭式售检票作业方式是指乘客进出付费区均要经过检票口检票的售票方式。这种方式主要包括_____、_____、_____等。
7. 目前常见的票卡媒介有_____、_____、_____。
8. 智能卡根据镶嵌芯片的不同,划分为_____、_____、_____和_____;根据读写方式的不同,划分为_____、_____、_____;根据卡与外界进行交换时的数据传输方式的不同,划分为_____、_____等。
9. 接触式 IC 票卡由_____、_____、_____及_____组成。接触式 IC 卡一般由_____、_____及_____构成。

二、简答题

1. 车票有哪些分类方法?
2. 票制选择的原则是什么?
3. 制定票价应考虑哪些因素?
4. 票卡媒介有哪些?
5. 智能卡是怎样分类的?
6. 比较磁卡、接触式 IC 卡和非接触式 IC 卡的特点。
7. 什么是异形 IC 卡?
8. 车票的主要功能有哪些?

模块三　半自动售票机操作与故障应急处理

　问题导学

　　小美到地铁站乘坐地铁,却发现自己的一卡通卡只剩下2元钱,这些钱不够乘坐地铁回家。于是她来到售票亭,找到工作人员给一卡通卡充值100元。小美结合自己在课堂上学到的知识,联想到工作人员充值所使用的机器应该就是半自动售票机。
　　那么,半自动售票机到底可以完成哪些工作?如果半自动售票机出故障了应该怎么处理?以上问题将在本模块中解答。

　学习目标

　　1.掌握半自动售票机的结构;
　　2.掌握半自动售票机的功能;
　　3.了解半自动售票机的工作原理;
　　4.了解半自动售票机的未来发展趋势;
　　5.掌握半自动售票机退票规程;
　　6.掌握半自动售票机乘客事务处理规程;
　　7.了解半自动售票机日常维护内容;
　　8.了解半自动售票机票务作业异常情况的应急处理。

　技能目标

　　1.能操作半自动售票机设备,按照车票制发流程准确发售单程票、一卡通卡、福利票等。
　　2.能按照一票通车票/一卡通卡异常情况处理相关要求,正确操作半自动售票机设备,办理单程票或一卡通卡的补票作业,或为无票乘客办理补票作业。
　　3.能按照退票要求,为乘客办理退票作业。
　　4.能主动为乘客查询异常票卡,并正确告知乘客票卡异常原因。
　　5.能准确判断卡票位置,并取出票卡,正确恢复半自动售票机发行单元。
　　6.能准确判断半自动售票机各类故障,并能准确及时地处理故障。

任务一　半自动售票机售票作业

　相关知识

　　半自动售票机是地铁自动售检票系统中的人工售票设备,而且是功能较全面的终端设备,设于车站售票亭和补票亭。

一、半自动售票机构成

半自动售票机由半自动售票机主控单元、主操作显示器、乘客显示器、打印机、钱箱、发行单元读写器、桌面读卡器、电源等独立设备组成,它们通过相应线缆进行连接,如图 3-1 所示。

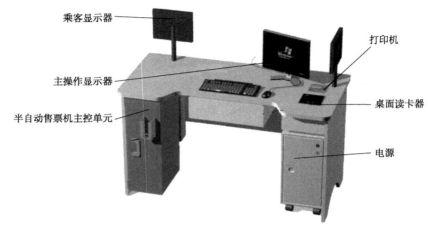

图 3-1 半自动售票机设备构成

半自动售票机的设备构成单元介绍如下。

(1)主控单元:半自动售票机核心部件,主要负责存储、记录交易数据、控制 BOM 其他单元模块、发送指令等,如图 3-2 所示。

(2)主操作显示器:工作人员通过操作此显示屏完成发售单程票、充值 IC 卡、结算、补票等相关操作的设备,如图 3-3 所示。

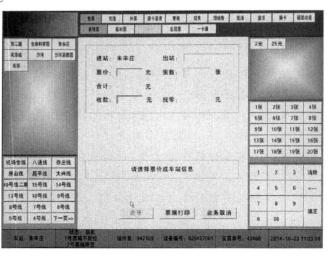

图 3-2 半自动售票机主控单元　　　图 3-3 半自动售票机主操作显示器

(3)乘客显示器:半自动售票机通过乘客显示器为乘客提供售票信息,包括票价、售票张数、应收票款等,如图 3-4 所示。

(4)打印机:打印交易单据或结算信息所需的票据的设备,如图 3-5 所示。

(5)钱箱:存放乘客购买车票或充值的钱币的设备,如图 3-6 所示。

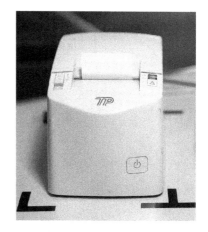

图 3-4　半自动售票机乘客显示器　　　　图 3-5　打印机

（6）发行单元读写器：发售单程票时将上位机信息写入空白票卡中的设备。

（7）桌面读卡器：用于查询读取票卡信息，充值时写入上位机所需的信息到 IC 卡的设备，如图 3-7 所示。

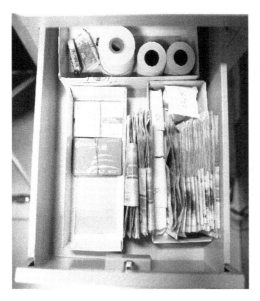
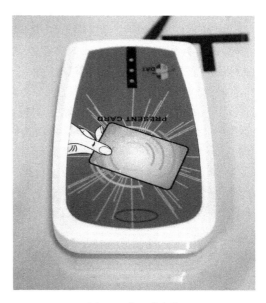

图 3-6　钱箱　　　　　　　　　　　图 3-7　桌面读卡器

（8）电源：为 BOM 供电的设备。

二、半自动售票机功能

半自动售票机的功能主要从票务处理功能、系统维护功能和安全管理功能这三个方面来介绍。半自动售票机（BOM）系统功能结构如图 3-8 所示。

1. 票务处理功能

票务处理的基本业务功能包括售票、补票、充值、修复、替换、退票、预销售、预销售抵消、记名票处理（按清分中心规则实现）、车票查询、挂失处理、车票分析、票据和发票打印。

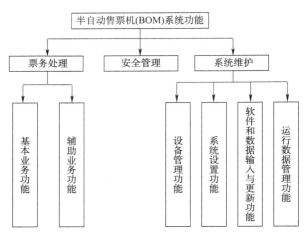

图 3-8 半自动售票机(BOM)系统功能结构

票务处理的辅助业务功能包括更换票箱、收益查询、操作员间休、操作员签退、操作员结账、关机处理和密码修改。相关资源见二维码 5。

二维码 5

2. 系统维护功能

系统维护功能主要从系统设置功能、设备管理功能、下载和更新功能、运行数据管理功能四个方面来介绍。

(1) 系统设置功能是指半自动售票机与车站计算机管理系统时钟同步设置、半自动售票机工作模式设置和半自动售票机本机参数设置。

(2) 设备管理功能是指系统维护人员完成对半自动售票机所有硬件设备的设置、维护、自检、连接测试工作。

(3) 下载和更新功能是指半自动售票机具有软件、参数下载和更新功能。半自动售票机在每天第一次开机进行启动处理时,自动进行软件和参数数据的下载,当网络出现问题无法使用时,也可以通过外部媒体进行数据导入;有新的版本下载或导入时,将进行软件和参数数据的更新;除了系统在启动时自动进行处理以外,也可以通过手动方式或根据车站计算机管理系统(SC)的要求,在需要的时候进行软件和参数下载和更新功能。

(4) 运行数据管理功能是指半自动售票机具有运行数据清理、运行数据备份、运行数据恢复、运行数据导出的功能。

3. 安全管理功能

半自动售票机在启动时自动完成一票通车票和一卡通车票设备认证,以确定该设备是否具有发行和处理相关车票的权限。一卡通车票认证方式按照一卡通制定的规则实现,一票通车票认证方式按照清分中心制定的规则实现。

在登录时完成操作员密码、操作员 IC 卡认证,半自动售票机在确定该操作员具有操作本设备的权限后,即可进入操作界面。操作员分为票务员和系统维护员,具有不同的操作界面。认证具有联网认证和单机认证两种方式。网络正常情况下使用联网认证,在网络异常又必须立即工作的情况下,可使用单机认证方式。

三、半自动售票机工作原理

1. 半自动售票机与车站计算机管理系统的关系

半自动售票机与车站计算机管理系统相连,可以接受车站计算机管理系统下达的各种参数及指令并向车站计算机管理系统传送各类数据,具备离线/在线状态自动检测切换的能力;根据当前的线路状态,动态提供能够处理的功能;在线状态下,能够实时从车站计算机管理系统下载各种参数、接受车站计算机管理系统的控制指令,能上传监控数据,根据预先设定的方式上传处理的各种交易数据,与车站计算机管理系统进行对账处理;离线状态下,除了提供需要的功能外,还要保存本地运行数据的备份,在检测到网络恢复以后,进行数据的上传和续传,并进行数据账目的核对。

2. 半自动售票机运行/停止模式

设备运行/停止模式设置是指根据运营现场情况,按照车站计算机系统发来的参数,设备根据自身情况自动转变或人工单机操作面板设置自动售票机的各种模式。运行模式包括正常服务模式、无找零模式、只收硬币模式、只收纸币模式、只售单程票模式、只充值模式。停止模式包括暂停服务模式。

(1)正常服务模式:设备各模块正常、纸币/硬币钱箱未满、车票及找零硬币充足。

(2)无找零模式:人工设置、找零硬币不足或找零模块故障。

(3)只收硬币模式:人工设置、纸币模块故障或纸币回收箱异常。

(4)只收纸币模式:人工设置、硬币模块故障或硬币回收箱异常。

(5)只售单程票模式:人工设置或充值模块故障。

(6)只充值模式:人工设置、车票不足、售票模块故障或票箱异常。

(7)暂停服务模式:人工设置或设备故障未修复。

3. 票箱、钱箱、凭证打印纸的检查更换工作规定

(1)BOM 票箱和凭证打印纸由票务员根据本台设备提示及时更换。

(2)票务员将票整齐的压入票箱,每个票箱压票不多于 800 张,并确认每个票箱的射频识别 RFID 数据等于票箱内的实际数量,在操作界面中进行更换票箱操作,在规定时间内需清理检查废票箱。

(3)票务员更换票箱、钱箱时,要轻轻将其取出和插入设备,切勿撞击设备。防止设备故障和箱子损坏。

(4)票务员更换票箱及钱箱后,必须交换物理位置。

(5)票务员保存票箱和钱箱时,可将其倒下存放,因为箱子立着存放时,如不小心碰到时容易将箱子碰倒,导致变形损坏。

四、半自动售票机发展

近年来,半自动售票机呈现设备模块小型化、国产化趋势,特别是工控机、存储设备等。存储设备由原来的硬盘发展为能够将原来的系统、数据分开存储的新型硬盘,减少了因为硬件问题造成的数据不可修复的情况。

任务实施

一、半自动售票机运用

半自动售票机工作流程如图 3-9 所示,分为开机、半自动售票机启动处理、操作员登录、日常售票业务处理、系统维护业务处理、无操作超时/间休、结账处理、签退、关机九个步骤。

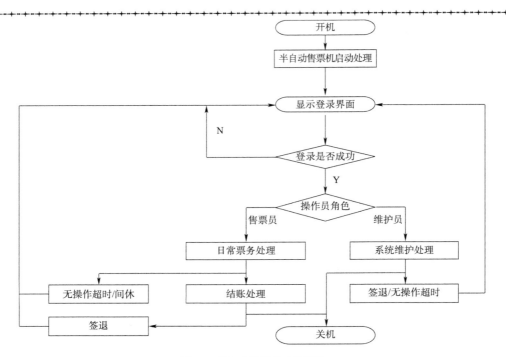

图 3-9 半自动售票机工作流程

1. 开机

工作人员开启系统电源开关。一键开机可将半自动售票机连接的设备一并开启。开机需要遵守"一确认,二输入,三更换"的流程。

(1)一确认:向值班站长确认行车值班员已完成本站车站计算机管理系统的开启,设备自动完成参数下载和程序自检。

(2)二输入:在登录界面中输入本人的操作员号(ID)和密码进行登录。

(3)三更换:更换票箱、将满票箱装入设备。

注意事项:

(1)不要过度用力开、关维修门,防止门损坏。

(2)维修门打开之前,需确认周围没有乘客,确保人身及票款安全。

(3)维修门打开时,不要扭动钥匙,以免引起警报蜂鸣器鸣响。

(4)每日开启车站各终端设备前应先确认车站计算机管理系统已开始运营。

(5)售票设备应在每日运营开始前20min开启。

(6)运营开始时需按正确流程启动设备,避免将处于休眠状态的设备误认为故障设备。

(7)售票设备启用后,要求工作人员必须先确认设备运营时间与当前时间同步。

(8)售票设备重新启动时会短时间与车站计算机管理系统(SC)中断,此为正常现象,应在设备完全启动后确认设备状态。

2. 半自动售票机启动处理

票务员完成硬件设备的检测与车站计算机管理系统的通信检测、软件数据下载更新、参数数据下载更新、时钟同步、一票通和一卡通安全认证。

3. 操作员登录

票务员登录进入日常售票业务处理，系统维护人员登录进入系统维护业务处理。当半自动售票机启动处理不成功时，则只能由系统维护人员登录进入系统维护业务处理。

4. 日常售票业务处理

票务员可进行半自动售票机的基本业务和辅助业务处理。基本业务包括半自动售票机售票、半自动售票机出站票、半自动售票机办卡、半自动售票机补票，辅助业务包括半自动售票机工作交接等。

5. 系统维护业务处理

系统维护人员登录后，系统进入维护业务处理，可进行设备管理、系统设置、运行数据管理、程序和数据下载更新。

6. 无操作超时/间休

当售票操作员没有进行任何操作的持续时间超过参数设定的时间后，系统界面跳转到登录界面；售票操作员需要短暂离开半自动售票机工作台时，执行间休功能，系统界面跳转到登录界面；这两种情况下，其他操作员不能登录进入系统。

7. 结账处理

当售票操作人员结束本班次售票工作后，执行此功能完成本班次业务结算和统计。

8. 签退

当票务员需要从系统中退出时，可选择签退功能。

9. 关机

票务员通过使用系统界面上的关机功能关闭电源，结束本机操作使用；关机前必须先结账，不结账不能关机。

关机需要遵守"一清理，二结账，三关机，四汇报"的流程。

（1）一清理：清理废票箱中的废票。

（2）二结账：进行结账操作、打印结账总水单。

（3）三关机：数据结算，进行关机操作。

（4）四汇报：确认关机结束，向值班站长汇报。

注意事项：

（1）完成所有售票设备的业务处理后再进行售票数据核对工作，并确认所有售票设备已进入"暂停服务"模式，避免结账后再有新的数据产生，影响交易数据的准确性（半自动售票机的业务结束，在本机"注销"后执行"业务结束"，自动售票机的业务结束在车站计算机管理系统工作站上直接向自动售票机逐台发送"设备休眠"命令）。

（2）当半自动售票机打印纸边缘出现红色用尽提示时，要及时更换打印纸。换纸后需按下打印机面板上的"FEED"键，待打印机"STATUS"红灯灭时方可正常打印。

（3）在运营时间内，严禁进行密码修改业务，避免造成对设备的影响。

（4）售票设备发生故障后必须在相关台账上做好记录并及时报维修单位，避免因维修不及时影响生产运营工作。

（5）应准确记住本人操作员号（ID）和密码，输错3次即锁定设备。

二、车票出售

单程票发售有两种选择方式：第一种是直接选择票价和张数；第二种是通过选择起点和终点得到票价，之后选择张数。相关资源见二维码6。

1. 发售普通单程票

1) 发售普通单程票的流程

半自动售票机发售普通单程票是指在自动售检票模式下，由车站工作人员在售票/问询处半自动售票机上根据乘客的需要向乘客出售单程票。发售单程票遵守"一问，二收，三唱，四作，五交"的流程。相关资源见二维码7。

二维码6

二维码7

(1) 一问：问清乘客欲购票张数和目的地。
(2) 二收：收取乘客的购票款。
(3) 三唱：唱收票款金额及乘客欲购票张数，如图3-10所示。
(4) 四作：操作半自动售票机制作单程票。
(5) 五交：将票和所找的零钱同时交给乘客，如图3-11所示。

图3-10 验币

图3-11 售票

2) 发售单程票在自动售检票系统上操作的流程

自动售检票系统为每个操作员都设定了唯一的操作员号和密码，任何人使用设备时，必须首先使用操作员号和密码登录设备，才能进入设备的操作界面进行操作。

(1) 登录。

打开半自动售票机电源，系统启动后，半自动售票机主程序自动以全屏方式运行。此时，操作界面中各功能模块(如"分析车票"和"数据查询"等)的功能按钮均处于未激活状态，需要点击"班次登录"按钮，输入班次操作员号和密码进入程序主界面后(图3-12)，这些按钮才会根据该操作员的权限相应地被激活，工作人员可开始进行系统允许的功能操作。

(2) 发售单程票。

票务员在确认设备正常后，按有关设备操作规定的票务管理规定办理车票发售业务。票务员发售单程票时，将待发售的单程票放在读卡区，点击"单程票发售"按钮，进入单程票发售界面。售单程票分为两种不同的售卡方式：按金额售单程票和按站点售单程票。按站点发售，选择目的站后，应收金额栏会显示出到该站的票价，然后在实收金额栏输入实际收到的金额,并点击"发售"按钮,半自动售票机开始发售单程票,如图 3-13 所示。

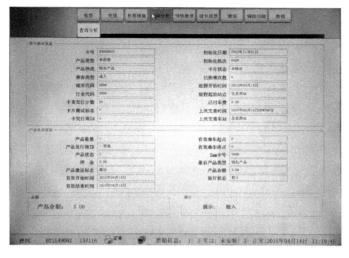

图 3-12 操作界面

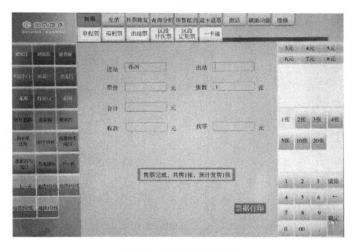

图 3-13 发售单程票界面

(3)签退。

签退是指当票务员需要从系统中退出时,点击主界面"操作员"模块,选择"签退"进入签退界面,输入对应票务员号码的密码,点击"签退"即完成签退作业。

2.预制单程票的发售流程

预制单程票是车票主管部门提前制作并配发到车站,以应对设备故障或大客流时乘客购票困难的车票,预制单程票属于预赋值票,在车站售票/问询处或临时售票/问询处进行人工售卖,它的特点是已赋值,具有较长使用期限,可以在沿线各车站进站乘车。

预制单程票的发售应具备以下条件:客流较大时,车站站厅等待购票的乘客持续增多,在自动售票机发售和售票/问询处半自动售票机无法缓解排队现象。

3. 注意事项

（1）在半自动售票机（BOM）单程票的发售作业中，最高可以输入单程票数量为100张，单次出票在30张左右，如果单程票发售量太大，会造成设备故障，并有可能影响到最终结账时的数据。因此，在进行操作时要注意及时拿取出票口位置的单程票，防止单程票堆积数量过大，最好的方法是每次单程票的发售数量在20张以下。

（2）免费发放福利票时，必须核对乘客所持免费证件是否是本人、证件是否有效等，并根据相关政策发放福利票，每人每证1张（盲人可带1名陪同者）。

（3）票务员离开半自动售票机，须及时退出本人的登录界面，将设备设置成为"暂停服务"模式。

（4）当按照规定启动人工售检票发售应急纸票时，票务员应按车票编码顺序发售，发售过程中，若发现重号、漏号、组号不符等质量问题，应及时向主管部（室）提出报告。在未接到上级领导处理意见之前，问题车票不得继续发售。

三、一卡通发卡

车站正常运营时，一卡通卡在车站售票/问询处发售。有些城市轨道交通运营企业考虑到一卡通成本问题，乘客购买一卡通卡时需要交纳一定的押金。目前，许多城市轨道交通乘客使用的一卡通均为各城市公共交通一卡通，城市轨道交通运营企业不再出售其专用一卡通。

一卡通发卡流程：

（1）票务员为乘客办理一卡通充值时，首先检验钱币并确认金额。

（2）票务员将一卡通放在读卡区，如图3-14所示。

（3）票务员单击一卡通按钮。

（4）票务员进入一卡通操作界面，点击充值金额，输入相应的钱数，再点击收款并输入钱数，后点击确定，如图3-15所示。

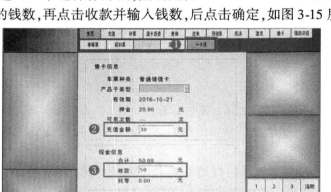

图3-14　读卡区

图3-15　一卡通充值界面

(5)票务员确认票卡,找零并打印发票。

注意事项:发放一卡通卡时,须向乘客收取20元押金。

四、一卡通充值

1. 一卡通充值流程

一卡通发卡/充值需要遵守"一问、二收、三唱、四作、五交"的流程。

一问:问清乘客欲购票制、张数及充值金额。

二收:收取乘客购卡、充值款。

三唱:唱收票款的金额及乘客购票的张数、金额。

四作:操作半自动售票机进行发售充值。

五交:将储值卡和所找零钱、水单同时交给乘客。

(1)了解乘客充值金额及数量。

(2)检验钱币并确认金额。

①第一步:查看纸币,将纸币放置于验钞机上。

②第二步:确认无误,将纸币放于钱箱。

(3)操作半自动售票机充值。

①将一卡通卡放在读卡区。

②单击一卡通按钮,进入一卡通操作界面。

③将要发售的一卡通卡放在一卡通读卡区。

④单击主界面的一卡通按钮,在一卡通操作中单击充值金额,并输入充值金额。

⑤点击收款,并输入收款金额。

(4)确认票卡、找零、发票。

点击票据打印,票据打印机打印发票;撕下发票,盖章,将票卡、票据、余额交予乘客。

2. 注意事项

(1)在一卡通卡的发售及充值作业中,应注意在完成所有业务作业后,不要急于将一卡通卡拿离半自动售票机外部读卡器,一定要在半自动售票机显示屏显示作业已完成后,方可将一卡通卡拿离,否则容易发生数据并未写入一卡通卡的情况。

(2)在一卡通卡的发售及充值作业中,应注意在最后一步"收取金额"菜单栏中输入收取乘客金额数后,一定要点击"打印"及"确认",由于半自动售票机不具备追打水单功能,如果乘客向票务员索取打印水单,票务员将不能进行追打,此时,很容易造成乘客的投诉等不良后果。

五、补票作业

1. 非付费区补票作业流程

票务员在补票作业中应当遵循"一查询、二确认、三操作"的流程。

(1)一查询:将票卡放在半自动售票机上进行查询,获得发行时间、发行车站、乘车记录、卡内余额等车票信息,如图3-16所示。

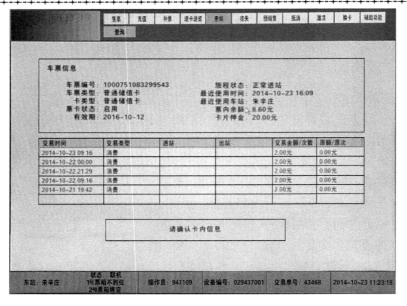

图 3-16 查询界面

(2)二确认:认真确认补票界面,正确输入补票金额,并再次与乘客核对补票信息的准确性,如图 3-17 所示。

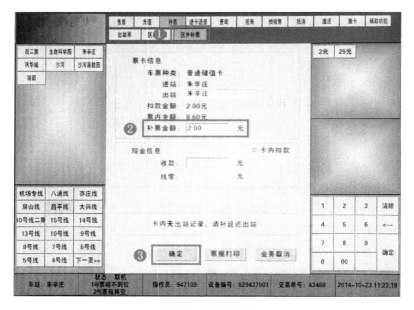

图 3-17 补票界面

(3)三操作:根据车票使用办法对车票进行扣费、补记录等操作。

2.付费区补票任务实施

(1)查询乘客异常票卡。

乘客:你好,我的卡刷不出去。

票务员:稍等,我帮您查一下。

（2）票卡分析。

将一卡通卡放于读卡器上,点击充值。

确认乘客上次出站没有刷上,进行补出站操作。

（3）补票操作。

点击补票界面的区域补票,补票完成后将票卡交还到乘客手中。

3.注意事项

票务员在进行补票作业时,需认真确认界面,核对补票金额是否正确,避免误操作。

六、车票分析

车票分析是指通过半自动售票机分析车票的信息。票务员在接到乘客提供的车票后,首先必须进行车票分析,并根据分析结果进行后续处理。

根据是付费区操作还是非付费区操作,将要分析的车票放在读卡区,点击"分析车票"按钮,就能在车票状态栏看到票卡当前的状态,如车票票卡号、种类、最近一次进出站的车站、进出站时间、车票余额等信息,同时在分析结果栏显示出系统对票卡状态进行分析的结果。车票分析界面如图3-18所示。

图3-18　车票分析界面

七、车票抵消

当一个班次内预制的单程票未售完时,应及时将这些已经赋值的单程票抵消(变成未赋值的单程票)。

1.车票抵消操作要求

此功能目前只对当天本台半自动售票机发售的未进站的单程票有效,只能抵消当天本台半自动售票机发售的未进站的单程票。

2. 车票抵消操作

可逐张把车票放置在桌面读写器上；当完成本车票抵消后可移走车票；放置下一张车票继续抵消。

 任务评价

根据以上学习内容，评价自己对本模块内容的掌握程度，在下表相应空格里打"√"。

评价内容	差	合格	良好	优秀
对半自动售检票系统结构、功能、工作原理等的掌握程度				
对半自动售检票系统售票作业流程的掌握程度				
学习中存在的问题或感悟				

任务二　半自动售票机退票作业

 相关知识

城市轨道交通供乘客使用的 IC 卡车票一经购买，正常情况下是不允许退票的，但在特殊情况下也可办理退票。不同的城市轨道交通运营企业能否进行退票及退票时的限制条件各不相同。根据退票的责任不同，可分为乘客责任退票及城市轨道交通运营企业责任退票。

一、乘客责任退票

乘客责任退票是指由于乘客自身原因造成购买单程票后不能及时乘坐或者储值票存有余额但不再继续使用时产生退票以及无效票产生退票的情形。

1. 单程票退款

对于已售出单程票的退款，不同的城市轨道交通运营企业有不同的规定，有些城市轨道交通运营企业规定：单程票一经售出若不属城市轨道交通运营企业的责任一律不予退款（如北京地铁、成都地铁、深圳地铁、武汉地铁等）。有些城市轨道交通运营企业又规定：单程票售出当天，卡内信息可以读取、未曾用于乘坐地铁，在规定的时限内（如广州地铁要求在购票后 30min 内），乘客要求退票时，由票务员采用半自动售票机办理退款业务，并填写"退款票处理记录表"，将车票票价全部退还给乘客，经客运值班员审查确认，但是若超过系统规定的时间，则不予退款。相关资源见二维码 8。

二维码 8

2. 一卡通退款

一卡通卡在使用过程中，如还存有余额，但乘客不再需要使用一卡通并要求退款时，按以下情况分别办理。

一卡通卡未损坏，卡内信息能查询到余额，由票务员采用半自动售票机办理退款业务，并填写"退款票处理记录表"，将车票余额及押金退还给乘客，并由客运值班员审查确认；若一卡通卡由于持卡人保管不善出现卡折叠、断裂、涂改、张贴异物、缺边、缺角、打孔或因人为原因造成票面图案脱色或脱漆，但卡内信息能查询到余额，即不可循环使用的车票，不退押金，只退还余额。

若一卡通卡不能更新处理或不能查询到余额,按无效票办理退款业务。

为了保证一卡通退款的安全、准确,中央计算机系统还可设置退款的条件、使用次数限制、余额限制等以确保退票处理有足够的安全性,防止欺骗行为的发生。相关资源见二维码9。

二维码9

3. 无效票退款

无效票是指经半自动售票机检验无法更新且系统无法读取数据的车票。

1) 即时退款

若半自动售票机能查询到车票余值,按上述规定办理相应退款,并回收无效票。

2) 非即时退款

若半自动售票机不能查询到车票余值,回收无效票,填写"无效车票处理申请表",请乘客在10个工作日内,凭"无效车票处理申请表"收据到其指定的车站办理退款。

二、轨道交通运营企业责任退票

当车站发生突发事件,如列车故障、行车安全事故等造成乘客不能按时乘车,乘客提出退票要求时,在任何车站,持单程票的乘客可在当日也可在规定的日期内(如成都地铁要求在10日内)办理单程票退票,填写"退款票处理记录表",使用储值票的乘客可在下次进站时免费更新票卡。

 任务实施

一、退票流程

当乘客要求退票时,站厅巡视岗站务员应引导乘客在售票/问询处半自动售票机办理。票务员应根据需要先分析车票状态,确认车票能否办理退款,并根据退票的相关规定为乘客办理退票业务。

票务员办理退票流程需要按照"一查询、二操作"的流程进行。

(1)一查询:通过半自动售票机(BOM)对票卡进行查询,确认票卡内写有车费及当日进站信息。

(2)二操作:将单程票在半自动售票机上进行退票操作,本日本站未进站的单程票进行退票操作;将一卡通卡在半自动售票机上补0元出站记录。

二、一卡通退卡流程

(1)乘客退卡时,票务员将要退的卡放在一卡通读卡区。

(2)单击主界面的一卡通按钮,在一卡通操作中单击一卡通退卡。

(3)一卡通退卡时,在检查并确认一卡通卡完好后,须向乘客返还20元押金。

三、一卡通替换流程

当乘客的车票不能使用并需要替换时,由票务员对车票进行分析,对于非乘客"人为"损坏符合系统设置参数的车票可允许替换。

(1)在进行替换处理时,在被替换的车票上写入有关替换信息。

（2）车票的原有信息不能被修改或抹除。
（3）车票的余额/乘车次数及优惠信息应完全转入新的车票上。

 任务评价

根据以上学习内容,评价自己对本模块内容的掌握程度,在下表相应空格里打"√"。

评价内容	差	合格	良好	优秀
对半自动售票机退票相关规定的掌握程度				
对半自动售票机退票、退卡作业流程的掌握程度				
学习中存在的问题或感悟				

任务三 半自动售票机乘客事务处理

 相关知识

乘客事务处理是指乘客在乘坐轨道交通工具的过程中,因自身原因或其他特殊原因造成无法正常进出车站时引起的事务处理。

在实行计程票价制的城市轨道交通运营企业,半自动售票机常见的乘客票务处理主要有车票超程、超时、无效、进出次序错误等。

一、车票超程

车票超程是指按路程计价时,付费区乘客所持车票余额不够支付按标准计算所得的起点站至终点站之间的单程车费,车票不能正常通过出站闸机的情况。

二、车票超时

车票超时是指乘客验票进入付费区后,在付费区逗留时间过长,导致车票使用时间超过了系统规定的有效时间,车票不能正常通过出站闸机的情况。

三、车票无效

车票无效是指车票在使用过程中,因轨道交通设备原因或乘客自身人为原因造成车票异常,无法正常通过进、出站闸机,且无法通过半自动售票机进行更新处理的情况。

四、车票进出次序错误

车票进出次序错误是指车票所处付费区或非付费区模式与乘客实际所在的区域不一致的情况。

五、售票服务

在售票作业过程中,工作人员要满足乘客购票需求,耐心回答乘客问询,提供优质服务。值岗形象、服务语言和指向都要执行公司标准化作业要求。

1. 进行售票服务时的规定

(1) 票务员不得携私款上岗。

(2) 严禁拒收旧钞、零币。需要验证乘客证件时,应说"请出示一下您的证件,谢谢"。

(3) 对不属于免费发放福利票范围的乘客要做好解释,如乘客不理解出现过激行为,工作人员应及时报公安部门。

(4) 当乘客一次购买单程票过多时,主动告知乘客"本站车票当日一次有效",不宜多买。

(5) 当每日运营临近结束时,主动问询乘客目的地车站,当乘客已无法到达目的地车站时应主动告知乘客"对不起,去往×××号线或×××方向末班车已走,请您乘坐其他交通工具"。

(6) 在售票服务时,上岗前要备足零钱,如零钱不足及时通知行车值班员或值班站长进行调配。

2. 回答乘客问询时的规定

(1) 回答询问前应首先清楚乘客准备到达的具体地点,不要主观臆测,并保证提供给乘客的信息是准确的,严格落实首问负责制。

(2) 回答乘客问询时,要吐字清晰,声音适中,语速适宜,指向规范。

 任务实施

一、车票超程处理

1. 单程票超程

付费区乘客所持单程票超程时,票务员向乘客收取所欠车费后,在半自动售票机上操作更新车票,乘客持票出站。

2. 一卡通超程

付费区乘客所持一卡通超程时,票务员向乘客收取充值金额,在半自动售票机上对车票进行充值操作后,乘客持票刷卡出站。

二、车票超时处理

1. 乘客所持单程票超时

付费区乘客所持单程票超时时,票务员向乘客收取超时补款(各城市轨道交通运营企业自行规定)后,在半自动售票机上操作更新车票,乘客持票出站。

2. 乘客所持一卡通超时

付费区乘客所持一卡通超时时,若车票进站日期显示是当天进站,则向乘客收取超时扣款后在半自动售票机上操作更新车票,乘客持票刷卡出站;若车票进站日期显示不是当天进站,则扣除上次乘车费用(一般是最小车程费),输入进站码更新车票,乘客持票刷卡出站。

三、车票无效处理

无效票的处理按付费区和非付费区分别处理。

1. 非付费区

当非付费区乘客持无效车票要求乘车时,站务员需判断造成车票无效的原因是轨道交通设备还是乘客自身人为,若属于乘客自身人为原因造成,则回收乘客手中的无效车票,并请乘客重新购票乘车;若为轨道交通设备原因造成,如自动售票机发售的无效车票,则回收无效车票,按规定办理乘客事务处理单,在半自动售票机上给乘客免费发售一张等值的普通单程票。

图 3-19　付费区乘客出站

2. 付费区

当付费区乘客持无效车票不能出站时,如是乘客自己人为原因造成车票无效,则回收无效车票,并请乘客按规定补款后,在半自动售票机上发售有效车票供乘客出站;若是轨道交通设备原因造成,则回收无效车票,并在半自动售票机上给乘客免费发售有效车票,以供乘客出站,如图 3-19 所示。

四、车票进出次序错误处理

车票进出次序错误按非付费区和付费区分别处理。相关资源见二维码 10。

二维码 10

1. 非付费区

此种情况主要表现为两种形式:一种是乘客在非付费区,但乘客车票显示已在进站闸机验过票,显示为付费区模式,不能再次验票进站,这种情况一般是乘客持票在进站闸机验票后未及时进站所致;另一种是乘客在付费区,但所持车票没有进站记录,显示仍为非付费区模式,车票不能正常通过出站闸机,这种情况一般是因乘客进闸时没有成功验票,与其他乘客一起并闸进站或没有经进站闸机验票直接从其他地方进入付费区所致。

当乘客在非付费区时,站务员在半自动售票机非付费区模式下分析车票,若车票上次验票时间与当前时间之差在系统允许的更新时间范围内,则半自动售票机显示该票可以更新,票务员按"更新"按钮更新车票信息,乘客可持车票正常进站;若车票上次验票时间与当前时间之差已超出系统允许的更新时间范围,需要根据各城市轨道交通运营企业的票务政策与规定进行相应处理。

2. 付费区

当乘客在付费区时,票务员在半自动售票机付费区模式下分析车票,根据半自动售票机分析显示单程票发售车站名,输入进站车站进行更新。

五、售票服务

1. 进行售票服务

票务员在进行售票服务时,需要按照"一问好、二沟通、三操作、四道别"的流程来进行。

(1)一问好:面带微笑,主动向乘客问好。
(2)二沟通:通过与乘客之间的交谈明白乘客所需服务的内容,如购买单程票、IC卡及数量、IC卡充值及充值金额等。
(3)三操作:根据乘客需求,准确完成发售车票及充值作业。
(4)四道别:乘客离开时礼貌与乘客道别。

2.回答乘客问询

票务员在回答乘客问询时,需要按照"一问好、二沟通、三解答、四道别"的流程来进行。

(1)一问好:看见乘客向自己走来时,主动问好,做到来有问声。
(2)二倾听:耐心倾听乘客要问询的事宜。
(3)三解答:根据乘客需求,为乘客提供准确的信息,做到问有应声。
(4)四道别:乘客离开时礼貌与乘客道别,做到走有谢声。

3.售票服务的常见问题

(1)遇乘客不要旧钱、不要硬币时。

解决要点:

①乘客不满意要求更换时,应立即给予更换。
②如确实没有新钱或整钱,向乘客表示歉意,并做好解释工作。

注意事项:

①售票中做到有新不找旧、有整不找零。
②如确实没有新纸币,将相对较新和较旧纸币搭配找零。

(2)遇查验钱币是假币时。

①应向乘客解释说明:"对不起,请您换一张。"并将假币交还乘客。
②解决有困难时及时请值班站长帮助,必要时通知公安部门。

注意事项:

处理时应注意方式方法,切勿说出"假币"一词。

(3)遇乘客所持票证不符合换取福利票规定时。

①向乘客表示歉意并耐心解释"对不起,您的证件不符合免费换票规定"。
②如乘客执意要求换取福利票,向乘客解释"我们必须执行相关规定,希望您理解配合",如必要,可向乘客出示相关文件。
③如乘客表示某些车站就给换福利票,向乘客解释"这个问题我们会向上级反映,但您的证件确实不符合免费换票规定,希望您配合"。

注意事项:

①此类问题是引发纠纷和投诉的一个焦点,员工须耐心做好解释工作,使用文明用语,做到乘客恼,我不恼。
②说话原则:多说一句失策,少说一句失职。

任务评价

根据以上学习内容,评价自己对本模块内容的掌握程度,在下表相应空格里打"√"。

评价内容	差	合格	良好	优秀
对半自动售票机乘客事务处理内容的掌握程度				
对半自动售票机乘客事务处理流程的掌握程度				
学习中存在的问题或感悟				

任务四　半自动售票机日常维护

 相关知识

一、半自动售票机日常维护的主要内容

(1)巡视设备是否工作正常及乘客和客运人员使用情况。
(2)检查设备各内部模块之间的连接情况。
(3)检查设备各指示灯显示情况,如图3-20所示。

图3-20　指示灯

二、半自动售票机日常维护的重点掌握

售票类设备的日常巡视是售票类设备在正常运行时间内,通过表象来观察售票类设备的运行状态。应当重点掌握售票类设备应急处理、人工开关机等操作方法。能够在售票类设备出现报警信息或发生突发故障时,采取妥当的应急解决思路/方案,尽量缩小故障影响范围。

 任务实施

一、基本步骤

巡视过程中可按"一问、二听、三看、四记录、五交接"的作业方法。
(1)一问:问现场客运值班人员关于售票类设备使用情况,使自己对该设备的运行情况做到心中有数。
(2)二听:听运行设备的声音是否正常。

(3)三看:看设备表面、指示灯、发票以及内部连线是否正常。
(4)四记录:将巡视的情况记录在车站巡视记录本及交接班本上。
(5)五交接:对接班人员交代设备当天的运行情况。

二、注意事项

(1)发售模块和纸币模块是售票类设备中容易发生故障的部位,也是平时维护的重点。
(2)巡视过程中应注意,判断降级运行的自动售票机是由于人为设置还是由于某些模块故障导致的运行模式降级,如果是模块故障导致的应及时处理。
(3)如在巡视过程中发现故障应及时处理,如有当时不能处理的应及时上报,有条件时应将现场情况拍照记录,以便分析。

任务评价

根据以上学习内容,评价自己对本模块内容的掌握程度,在下表相应空格里打"√"。

评价内容	差	合格	良好	优秀
对半自动售票机日常维护内容的掌握程度				
对半自动售票机日常维护操作步骤的掌握程度				
学习中存在的问题或感悟				

任务五　半自动售票机常见故障处理

相关知识

一、票务异常情况处理原则

票务异常情况处理的原则与要求如下。相关资源见二维码11。
(1)异常情况处理原则
快速处理、方便乘客、及时报修、落实监控。
(2)票务异常情况的处理要求
①确认报警内容、报警设备号和报警原因。
②确认本站当前设备运营模式,及时到现场查看。
③正确判断故障类型。
④如需要更换闸机票箱或自动售票机钱箱、票箱,须及时更换。
⑤如设备故障不能使用时,立即摆放"设备故障,暂停使用"指示牌,并通知维修单位进行维修,做好维修登记。
⑥票卡出现异常后,应及时为乘客解决票卡问题。

二维码11

二、半自动售检票机常见故障

半自动售检票机常见故障有卡票、票箱故障、更换票箱之后仍然显示"票箱空"、BOM无法打印处理流程等。

任务实施

一、卡票

故障现象:卡票。

处理方法:

(1)判断卡票位置。

①在售票过程中,半自动售票机显示"售票失败,出票机故障"(图3-21)。

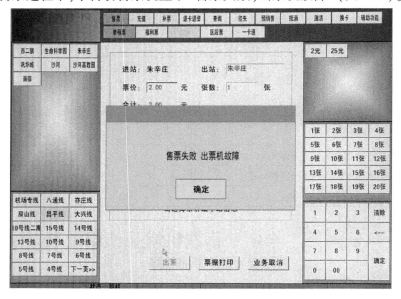

图3-21 半自动售票机故障界面

②打开半自动售票机,查找一卡通被卡在半自动售票机中位置(图3-22)。

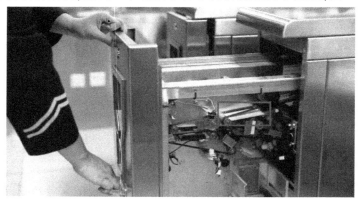

图3-22 打开半自动售票机

(2)卡票皮带处取出票卡。

取出一卡通,将半自动售票机关上并锁好。

(3)恢复半自动售票机设备。

①将取出的一卡通卡置于读卡器上。

②点击查询界面,确定票卡的状态,如果确认为"黑名单卡,已锁卡"则作为废票处理(图3-23)。

图3-23　票卡处理

二、票箱故障

票箱确认错误

故障现象:票箱确认错误。

(1)打开半自动售票机设备,查看设备故障状态,显示"1号票箱不到位"等信息(图3-24)。

图3-24　查看票箱

(2)点击"票箱更换",卸下1号票箱(图3-25)。

(3)更换票箱。

①拉开抽屉,拿出钥匙。

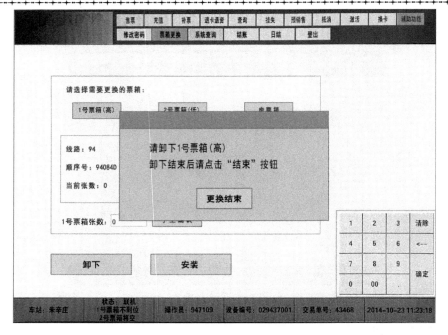

图 3-25　更换票箱信息

②打开半自动售票机设备。
③打开箱盖(图 3-26)。
④向右转动钥匙,打开票箱。
⑤卸下 1 号票箱,将 1 号票箱置于固定位置,更换票箱,安装好票箱(图 3-27)。

图 3-26　打开箱盖

图 3-27　安装票箱

⑥关闭半自动售票机设备。
⑦卸下结束后点击"结束"按钮。
⑧点击安装 1 号票箱。
(4)恢复半自动售票机设备。
①显示器显示 1 号票箱张数:500。
②票箱恢复正常工作状态(图 3-28)。

三、更换票箱之后仍然显示"票箱空"

故障现象:更换票箱后,仍显示"票箱空"。

图3-28 恢复半自动售票机票箱

原因分析：更换票箱之后未在操作界面中进行更换票箱操作或更换票箱时未交换票箱的物理位置。

处理方法：在操作界面中进行更换票箱操作或交换票箱后在操作界面中进行更换票箱操作。

注意事项：更换票箱后切勿忘记交换票箱物理位置。

四、半自动售票机无法打印

半自动售票机无法打印有四种情况：半自动售票机打印机连接超时、半自动售票机打印不出字、半自动售票机打印机缺纸、半自动售票机打印机电源线故障。

1. 半自动售票机打印机连接超时

故障现象：半自动售票机打印机连接超时。

原因分析：检查发现半自动售票机打印机电源线脱落。

处理方法：插好后设备正常或重新开关，并按下"FEED"键。

注意事项：随时注意打印机电源连接情况。

2. 半自动售票机打印不出字

故障现象：半自动售票机打印不出字。

原因分析：半自动售票机打印机色带无墨或打印纸安装不正确。

处理方法：更换色带或调整打印纸方向（图3-29）。

注意事项：切勿粗心装错打印纸。

3. 半自动售票机打印机缺纸

故障现象：票据打印机状态为打印机通信故障，票据打印机红灯亮起（图3-30）。

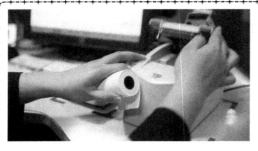
图3-29 换打印纸

图3-30 打印机故障

处理方法：
(1)打开打印机,将打印机内空纸取出。
(2)将打印纸放入打印机,安放好打印纸,合上打印机。
(3)打印机红灯灭。
(4)按动打印按钮,打印机出纸,恢复正常工作。

4.半自动售票机打印机电源线故障

故障现象：打印机电源灯不亮。

图3-31 检查电源线

处理方法：
(1)检查电源连接状态,并将电源线拧牢(图3-31)。
(2)按动电源按钮,电源显示灯亮绿灯。
(3)确认设备无其他异常情况。
(4)点击打印按钮,票据打印机出纸。
(5)点击票据打印机状态,打印机正常工作。

五、半自动售票机自身故障处理

1.半自动售票机蓝屏

故障现象：计算机蓝屏(图3-32)。

处理方法：
(1)重启计算机。
(2)检验通信正常(图3-33)。

2.半自动售票机黑屏

故障现象：半自动售票机黑屏。

原因分析：半自动售票机显示屏后方电源断开。

图3-32 计算机蓝屏

处理方法：重新插入后恢复正常。

处理流程：
(1)检查计算机电源线。
(2)将计算机电源线接好。

图 3-33　检验通信界面

（3）检验通信正常。

3. 半自动售票机启动后显示"暂停服务"，不能进入工作状态

故障现象：半自动售票机启动后显示"暂停服务"，不能进入工作状态。

原因分析：可能是由于维修门没有关上。

解决办法：检查维修门并将维修门全部关紧上锁。

4. 与车站计算机管理系统断开连接

故障现象：半自动售票机与车站计算机管理系统断开连接。

处理方法：

（1）联系值班站长。

（2）值班站长将认证管理卡置于打卡器上。

5. 丢失半自动售票机部分数据

故障现象：丢失半自动售票机部分数据。

原因分析：车站计算机管理系统运营开始前半自动售票机开机并进行业务操作。

注意事项：问题发生后无任何补救方法，故每日开启车站各终端设备前必须先确认车站计算机管理系统已开始运营。

6. 设备被锁定

故障现象：设备被锁定。

原因分析：输错操作员号和密码。

处理方法：报告站区、公司，请自动售检票管理中心帮助解锁。

注意事项：必须牢记本人操作员号和密码。

六、半自动售票机压票后发票失败

故障现象：半自动售票机压票后发票失败。

故障原因：压票不齐或者数量过多。
处置方法：重新将票整齐的压入票箱，每个票箱压票不要多于750张。

七、半自动售票机无法正常充值

故障现象：半自动售票机无法正常充值。
原因分析：储值卡读卡器没有正确连接。
解决办法：正确连接储值卡读卡器。

八、半自动售票机无法发售单程票

故障现象：半自动售票机无法发售单程票。
原因分析：单程票发售模块内没有放入车票或者票箱没有正确安装。
解决办法：放入发售用车票，正确安装票箱。

 任务评价

根据以上学习内容，评价自己对本模块内容的掌握程度，在下表相应空格里打"√"。

评价内容	差	合格	良好	优秀
对半自动售票机常见故障内容的掌握程度				
对半自动售票机常见故障处理步骤的掌握程度				
学习中存在的问题或感悟				

 模块训练

任务训练单

班级：　　　　　姓名：　　　　　训练时间：

任务训练单	半自动售票机相关作业
任务目标	掌握半自动售票机的售票作业流程，能进行半自动售票机退票作业，能进行半自动售票机乘客乘务处理，并能够进行简单的日常维护及常见故障处理
任务训练 任务训练说明：请从下列任务中选择两个进行训练 半自动售票机运用、车票出售、一卡通充值、补票作业、退票作业、车票超程的乘务处理、车票超时的乘务处理、车票无效的乘务处理、车票进出次序错误的乘务处理、半自动售票机日常维护、卡票处理、票箱故障、半自动售票机（BOM）无法打印	
任务训练一： （说明：总结作业流程，并在实训室进行实操训练或者在模拟软件上完成实操训练）	
任务训练二： （说明：总结作业流程，并在实训室进行实操训练或者在模拟软件上完成实操训练）	
任务训练的其他说明或建议：	
指导老师评语：	
任务完成人签字：　　　　　　　　　　　　　　　　　　　　　　　　日期：　　年　　月　　日 指导老师签字：　　　　　　　　　　　　　　　　　　　　　　　　　日期：　　年　　月　　日	

模块小结

本模块讲述了半自动售票机的售票作业、退票作业、乘客乘务处理的操作要求及流程。要掌握这些作业,首先要掌握半自动售票机的结构、功能等。半自动售票机由主控单元、主操作显示器、乘客显示器、打印机、钱箱、发行单元读写器、桌面读卡器、电源等独立设备组成。半自动售票机具有票务处理、系统维护和安全管理等功能。

同时,本模块介绍了半自动售票机的日常维护和常见故障。其中半自动售票机的常见故障包括卡票、票箱故障、更换票箱后仍然显示"票箱空"、半自动售票机无法打印、半自动售票机机自身故障等。模块中对于这些常见故障给出了相关的处理案例。

模块自测

一、填空题

1. 半自动售票机是功能较全面的终端设备,设于_____和_____。
2. 半自动售票机由_____、_____、_____、_____、钱箱、_____、_____等独立设备组成,它们通过相应_____进行连接。
3. 半自动售票机的功能分为_____、_____和_____。
4. 票务处理的基本业务功能包括_____、_____、_____、_____、_____、_____、_____和_____。
5. 半自动售票机运行模式包括_____、_____、_____、_____。
6. 根据退票的责任不同,退票可分为_____及_____。
7. 乘客责任退票是指由于乘客自身原因造成购买单程票后不能及时乘坐或者储值票存有余额但_____时产生退票以及_____无效票产生退票的情形。
8. 半自动售票机常见的乘客票务处理主要有_____、_____、_____、_____等。

二、简答题

1. 半自动售票机的主要功能有哪些?
2. 简述半自动售票机的组成。
3. 分析半自动售票机的发展趋势。
4. 简述半自动售票机有哪些类型的乘务处理,分别应该如何操作?
5. 简述半自动售票机日常维护内容及流程。
6. 简述半自动售票机的常见故障。
7. 请您根据本模块所学的知识,上机完成半自动售票机的实操练习。

模块四　自动售票机操作与故障应急处理

 问题导学

小美今天在地铁站使用自动售票机购票,车票金额是5元钱,她往自动售票机里投入了一张20元的纸币。在出票口,本来应该出来一张单程票和15元钱的找零,但是小美发现自动售票机给她的找零少了5元。随后,小美找到车站值班员帮忙解决了这个问题。

事后,小美在想,在什么样的情况下,自动售票机会少找乘客零钱?除此之外,自动售票机还会存在什么样的问题?小美的这些问题将在本模块中得到解答。

 学习目标

1. 掌握自动售票机的结构;
2. 掌握自动售票机的功能;
3. 了解自动售票机的工作原理;
4. 了解自动售票机的未来发展趋势;
5. 熟悉自动售票机的操作界面;
6. 掌握自动售票机钱箱清点工作及相关作业标准;
7. 掌握自动售票机乘客乘务处理规程;
8. 了解半自动售票机票务异常情况处理方法。

 技能目标

1. 能指导乘客在自动售票机上购买单程票或给一卡通卡充值;
2. 能进行自动售票机的开启和关闭操作;
3. 能进行自动售票机钱币、纸币钱箱更换操作;
4. 能处理自动售票机卡币、卡票、找零不足或充值不成功的问题;
5. 能处理常见的自动售票机故障。

任务一　自动售票机售票作业

 相关知识

自动售票机(TVM)是城市轨道交通自动售检票系统中的自动售票设备,设置在车站非付费区,供乘客自助购票、充值使用。

一、自动售票机构成

自动售票机内部主要由整机电源、主控制单元、纸币处理单元、纸币找零单元、维修打印机、票据打印机、维修面板等部件组成,外部主要由乘客触摸屏显示器、运行状态显示屏、凭票出口、出票口/找零口等组成。自动售票机内部结构如图4-1、表4-1所示,自动售票机外部结构如图4-2、表4-2所示。

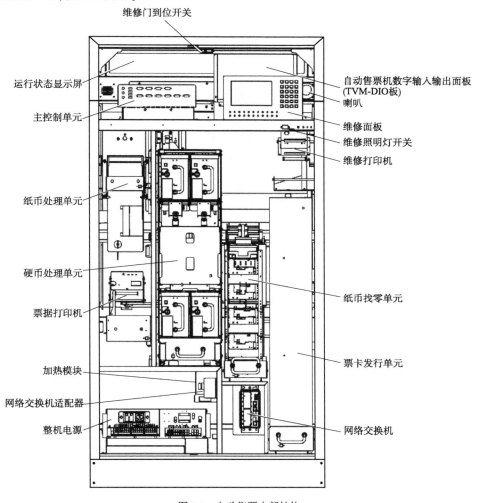

图4-1 自动售票内部结构

自动售票机内部结构说明表(部分)　　　　　　　　　　　　表4-1

序号	项 目	说 明
1	整机电源	为自动售票机各单元提供电力
2	主控制单元	自动售票机的控制运行单元
3	纸币处理单元	识别、暂存、退还、储存纸币
4	纸币找零单元	用于纸币找零
5	维修照明灯开关	用于提供设备内部照明
6	维修打印机	为维修和运营人员打印单据
7	票据打印机	为乘客打印充值或故障信息
8	维修面板	为维修员和运营人员进行本机维修操作和业务操作
9	硬币处理单元	硬币识别、暂存、补充、找零、清空和计数处理
10	票卡发行单元	发行票卡
11	运行状态显示屏	显示当前设备的运行模式信息

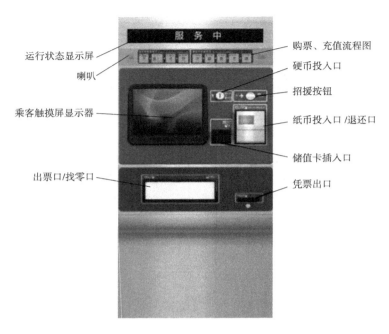

图 4-2　房山线自动售票机乘客操作界面

乘客操作面说明表　　　　　　　　　　　　　　　表 4-2

序号	项　　目	说　　明
1	纸币投入口/退还口	接收单张投入的纸币,可将所投纸币一次性返还
2	硬币投币口	接收单枚投入硬币。有闸门,不需要投币时闸门可关闭,不接收硬币
3	乘客触摸屏显示器	20.1in(1in = 0.0254m)红外触摸屏显示器,乘客操作
4	运行状态显示屏	全彩 LED 显示屏,显示设备运营状态
5	招援按钮	在乘客需要帮助时使用
6	凭票出口	由票据打印机为乘客提供票据
7	储值卡插入口	手动推入式插卡和解锁后手动取卡
8	储值卡指示灯	充值时提示乘客在此插入或取出储值卡
9	出票口/找零口	可将找零纸币一次性找给乘客;返还乘客投入的不可识别硬币或乘客取消操作后退还乘客投入的硬币;找零口有防飞溅功能;在找零时有灯光照明和提示;单张、连续出售车票
10	充值、购票流程图	向乘客提供购票和充值操作流程信息

二、自动售票机功能

　　自动售票机的功能主要是使乘客能够自助操作完成地铁单程票售票作业和储值卡充值作业。自助售票作业包括购票选择、接收现金、出票、找零等过程。储值卡充值作业包括检验储值卡有效性及合法性、接收现金、储值卡充值等过程。自动售票机如图 4-3 所示。

图 4-3 自动售票机

1. 购票

自动售票机可接受硬币、纸币等支付方式。购票时,大部分自动售票机允许使用的纸币为 5 元、10 元;允许使用的硬币为 1 元的人民币;在乘客售票操作时能以纸币、硬币和纸币硬币混合型式找零;找零币种为 1 元、5 元纸币,1 元硬币(优先纸币找零)。购票流程如图 4-4 所示。

2. 充值

自动售票机提供对一卡通卡的充值功能。充值操作可接受的纸币为 10 元、50 元、100 元。充值流程如图 4-5 所示。相关资源见二维码 12。

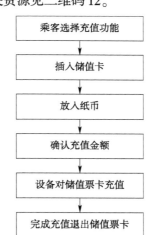

二维码 12

图 4-4 购票流程　　图 4-5 充值流程

三、自动售票机工作原理

1. 自动售票机运行/停止模式

自动售票机运行/停止模式设置是指根据运营现场情况,按照车站计算机系统发来的参数,设备根据自身情况自动转变或人工单机操作面板设置自动售票机的各种模式。运行模式包括正常服务模式、无找零模式、只收硬币模式、只收纸币模式、只售单程票模式、只充值模式。停止模式包括暂停服务模式。

(1)正常服务模式:设备各模块正常、纸币/硬币钱箱未满、车票及找零硬币充足。

(2)无找零模式：人工设置、找零硬币不足或找零模块故障。

(3)只收硬币模式：人工设置、纸币模块故障或纸币回收箱异常。

(4)只收纸币模式：人工设置、硬币模块故障或硬币回收箱异常。

(5)只售单程票模式：人工设置或充值模块故障。

(6)只充值模式：人工设置、车票不足、售票模块故障或票箱异常。

(7)暂停服务模式：人工设置或设备故障未修复。

注意事项：

(1)自动售票机运行模式应充分满足乘客购票、充值需求并按公司有关规定进行设置。

(2)自动售票机处于只充值模式时投币口舌挡会阻止硬币继续投入，强行投入会造成部件损坏。

2. 票箱、钱箱、凭证打印纸的检查更换工作

(1)自动售票机票箱、钱箱、凭证打印纸由行车值班员根据本台设备提示或通过车站计算机管理系统查询及时更换。

(2)更换自动售票机硬币钱箱时，应直接拉出底部舌挡，切勿扳动把手。

(3)行车值班员进行自动售票机的钱箱更换时，必须有值班站长陪同监护。并将所卸下的钱箱装上专用车后，按规定指定路线送回自动售检票票务室进行清点，确保票款安全。

(4)将票整齐地压入票箱，每个票箱压票不多于800张，并确认每个票箱的RFID数据等于票箱内的实际数量。在操作界面中进行更换票箱操作。在规定时间内需清理检查废票箱。

(5)更换票箱、钱箱时，要轻轻将其取出和插入设备，切勿撞击设备。防止设备故障和箱子损坏。

(6)更换票箱及钱箱后，必须交换物理位置。

(7)保存票箱和钱箱时，可将其倒下存放。因为箱子立着存放时，如不小心碰到容易将箱子碰倒，导致变形损坏。

四、自动售票机发展

随着近年来技术水平的不断提高，自动售票机从2010年前只有硬币找零功能，到2010年后增加到有纸币找零功能。

五、自动售票机的操作界面

1. 自动售票机主界面

自动售票机是自助型系统设备，城市轨道交通车站内会有部分乘客对该系统的操作不熟练，票务员应主动、热情地提供操作指引服务。因此，票务员应熟练掌握自动售票机的购票操作，指引乘客使用自动售票机购票、充值时，通过乘客操作界面实现点选操作。常见的自动售票机乘客操作界面如图4-6所示。

地图区域能清晰显示线网地图，能实现地图的缩小、扩大及水平移动。当乘客点击某车站时，以该车站为中心的附近几个车站会被放大显示，以便于乘客正确选择目的地站购票。

选择线路区域提供了按线路分类的按钮，当乘客点击选择要乘坐的线路时，该线路在地图区域放大，方便乘客快速、准确地点选目的地站。运营及票卡选择区域可以实现按票价直接购票，为熟悉轨道交通票价的乘客提供了便利。

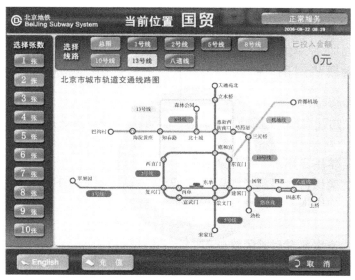

图 4-6　自动售票机乘客操作界面

时间区域能实时显示当前的日期与时间。功能选择区域提供了供乘客选择或确认的按钮,如中、英文切换按钮和充值操作按钮等,实现相应的功能选择。信息提示区域主要用于向乘客显示相应情况下的信息。状态区域显示了自动售票机当前运营状态的信息。

2. 自动售票机的充值界面

乘客使用现金在自动售票机上进行一卡通充值时,具体操作流程大致为在主界面选择充值按钮→插入一卡通卡→支付一卡通充值金额→设备对一卡通充值→返还一卡通卡等几个步骤,一卡通充值界面如图 4-7 所示。乘客从"开始充值"至"支付充值金额"之前都可以取消交易,点击取消按钮或者一定时间内没有任何操作时自动售票机会返还插入的一卡通卡并返回初始界面。相关资源见二维码 13。

二维码 13

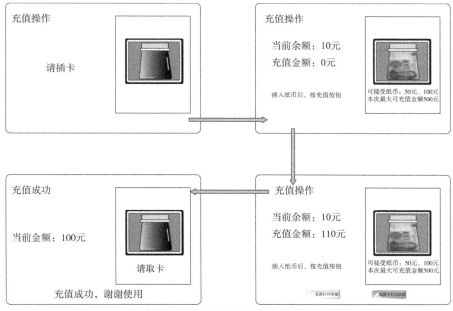

图 4-7　自动售票机储值票充值流程

任务实施

一、自动售票机运用

1. 自动售票机的开启操作

自动售票机的开启操作遵循"一开门、二确认、三输入、四更换、五退出、六查看"的操作流程。

(1)一开门:使用专用钥匙打开维修门。
(2)二确认:确认自动售票机连接状态(设备自动完成参数下载和程序自检)。
(3)三输入:使用本人操作员号及密码进行登录。
(4)四更换:将票箱和找零硬币装入设备、打印操作水单。
(5)五退出:退出登录后关闭维修门。
(6)六查看:查看自动售票机是否进入基本界面。

注意事项:

(1)不要过度用力开、关维修门,防止将门损坏。
(2)维修门打开之前,需确认周围没有乘客,确保人身及票款安全。
(3)维修门打开时,不要扭动钥匙,以免引起警报蜂鸣器鸣响。

2. 自动售票机的关闭操作

自动售票机的关闭操作遵循"一开门、二输入、三清理、四结账、五取箱、六退出、七确认"的操作流程。

(1)一开门:使用专用钥匙打开维修门。
(2)二输入:使用本人操作员号和密码进行登录。
(3)三清理:更换废票箱。
(4)四结账:进行结账操作、打印结账总水单。
(5)五取箱:进行硬币回收操作,取下钱箱。
(6)六退出:退出登录、关闭维修门。
(7)七确认:确认自动售票机关闭状态。

注意事项:

(1)每日开启车站各终端设备前应先确认车站计算机管理系统已开始运营。
(2)售票设备应在每日运营开始前20min开启。
(3)运营开始时需按正确流程启动设备,避免将处于休眠状态的设备误认为故障设备。
(4)售票设备启用后,要求操作员必须先确认设备运营时间与当前时间同步。
(5)售票设备重新启动时会短时间与车站计算机管理系统中断,此为正常现象。需在设备完全启动后确认设备状态。
(6)完成所有售票设备的业务终了处理后再进行售票数据核对工作,并确认所有售票设备已进入"暂停服务"模式,避免结账后再有新的数据产生,影响交易数据的准确性。半自动售票机的业务终了,在本机"注销"后执行"业务结束",自动售票机的业务终了是由车站计算机管理系统(SC)工作站上直接向自动售票机逐台发送"设备休眠"命令。

（7）在运营时间内，严禁进行密码修改业务，避免对设备造成影响。

（8）售票设备发生故障后必须在相关台账上做好记录并及时报维修单位，避免因维修不及时导致影响生产运营工作。

（9）应准确记住本人操作员号和密码，输错3次设备会锁定。

二、车票出售

乘客在自动售票机上自助购买单程票有两种购买方法：第一种是选择目的站以后，再投入钱；第二种是先选择票价，再投入钱。相关资源见二维码14。

二维码14

1. 乘客按先选择目的站使用自动售票机自助购买单程票流程

（1）在自动售票机主界面选择所要去往的线路及目的车站，并在左侧选择购票张数，如图4-8所示。

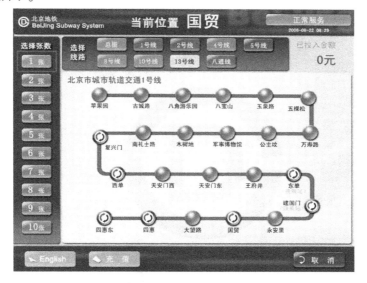

图4-8　选择车站及购票张数操作（自动售票机）

（2）投入对应数量的1元硬币或5元、10元纸币，如图4-9所示。

图4-9　自动售票机硬币和纸币投入口

（3）点击"确定"或"取消"，如图4-10所示。

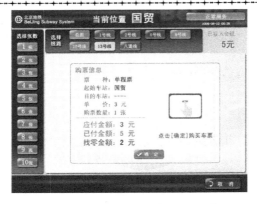

图 4-10　购买单程票确认操作(自动售票机)

(4)若点击"确定",在下方出票口处取出票卡及找零硬币,如图 4-11 所示。

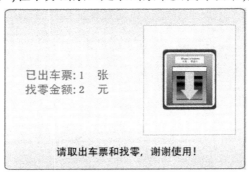

图 4-11　在自动售票机下方取出票卡及找零硬币

(5)若点击"取消",投入的钱币退回,返回主界面,如图 4-12 所示。

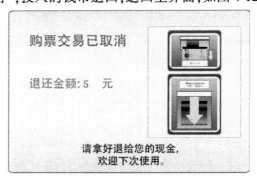

图 4-12　购买单程票取消操作(自动售票机)

2. 乘客按先选择票价使用自动售票机自助购买单程票流程

(1)在价目板上查询从始发站到目的车站票价,如图 4-13 所示。
(2)在自动售票机主界面选择票价和票数(图 4-14)。
(3)投入对应数量的 1 元硬币或 5 元、10 元纸币。
(4)乘客点击"确定"或"取消",如图 4-15 所示。
(5)若点击"确定",在下方出票口处取出票卡及找零硬币。
(6)若点击"取消",自动售票机退回投入的钱币,返回主界面。

图4-13 价目板部分示意图

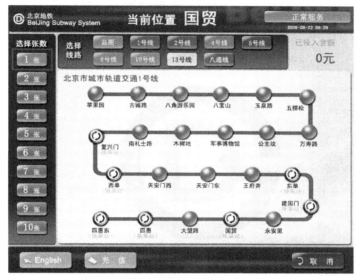

图4-14 选择购票张数操作(自动售票机)

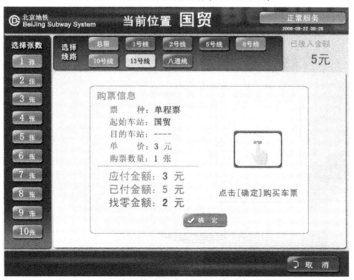

图4-15 购买单程票确认操作(自动售票机)

3. 注意事项

指导乘客使用自动售票机时应注意：自动售票机每次发售最多 10 张车票，发售结束时需及时从出票口暂存处取走车票，取走车票后方可开始下次发售，出票口暂存处积累过多车票会造成设备出票堵塞。

三、一卡通充值

乘客使用自动售票机充值的流程如下。

(1) 在自动售票机主界面点击充值，如图 4-16 所示。

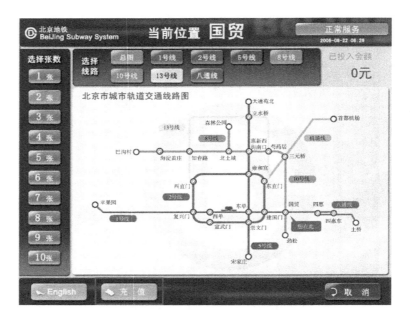

图 4-16　在自动售票机主界面点击充值操作

(2) 将一卡通卡放入"一卡通卡插入口"（图 4-17）。

图 4-17　自动售票机一卡通卡插入口

(3) 根据乘客显示屏上的提示，将要充值的钱放到纸币投入口。

(4) 操作成功后，从"一卡通卡插入口"取回一卡通卡。

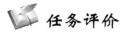 **任务评价**

根据以上学习内容,评价自己对本模块内容的掌握程度,在下表相应空格里打"√"。

评价内容	差	合格	良好	优秀
对自动售票机日常维护内容的掌握程度				
对自动售票机日常维护操作步骤的掌握程度				
学习中存在的问题或感悟				

任务二 自动售票机钱箱更换及钱箱内现金清点作业

 相关知识

售检票终端设备中涉及现金交易的自助设备主要有自动售票机和自动充值机。在车站的日常票务作业中或运营结束后需要回收设备内的钱箱,以便清点票款。设备钱箱类型主要有自动售票机纸币钱箱和硬币钱箱、自动充值机纸币钱箱。

一、钱箱清点工作

钱箱清点是收益管理的重要环节,应严格把控。一般情况下,钱箱的清点工作需要由两人在车站票务室(点钞室)共同完成。相关资源见二维码15。

二维码15

清点出的所有钱箱票款金额,扣除值班员为自动售票机补充找零硬币的金额,就是当日自动售票机票款收益。为保证自动售票机票款收益统计的准确性,车站对于补入自动售票机的找零硬币的清点及钱箱票款的清点必须按规范要求进行,以确保准确无误。一般情况下,硬币的清点及钱箱的清点工作须由两人在票务室(点钞室)监视仪监视状态下共同完成。值班员在清点用于补币的硬币时,每台自动售票机的补币清点数量也必须在票务室(点钞室)监视系统下进行读数并加封。用于补币的硬币清点完至补币前,须存放在票务室(点钞室)监视区域,进行补充硬币操作时必须两人负责(一人操作,一人监控),补充硬币后须做好相应台账记录。清点钱箱时,相应的钱箱、钱袋和点币机必须放在安全区域。整个清点过程中任何人不得遮挡监视仪,若监视系统发生故障而造成车站无法按程序清点钱箱,须由一名车站值班站长或以上职务人员和车站值班员两人一起清点钱箱,必须逐一清点,每个硬币钱箱的清点数量必须在票务室(点钞室)监视系统下进行读数,并将实点数及时记入"钱箱清点报告"对应的实点金额栏,每清点完一个钱箱,须确保钱箱已倒空,并无现金遗留在钱箱内。清点钱箱过程中,非紧急情况不得离开票务室(点钞室)。

二、钱箱清点工作的作业标准

(1)钱箱清点要在车站票务室(点钞室)进行。
(2)清点钱箱时,相应的钱箱、钱袋和点币机必须放在安全区域。
(3)在有监控设备的条件下,所有清点工作都要在摄像头有效的监控范围内进行。
(4)钱箱清点工作至少确保两人在场,并互相监督(一人负责清点,一人负责监督)。
(5)纸币钱箱和硬币钱箱要分开并逐一清点。
(6)钱箱清点和数据录入、台账填写要规范,并按要求进行封存。

在清点过程中,若发现假币、游戏币等异常情况,需要在"钱箱清点报告"备注栏注明,将假币、游戏币用票务专用信封加封后随报表上交票务室。

三、更换钱箱的时间要求

(1)车站计算机提示自动售票机钱箱将满时。
(2)自动售票机显示屏出现"只收硬币"或"只收纸币"时。
(3)各站结合本站具体情况制定的更换钱箱的固定时间。
(4)本站最后一列载客列车开出后的规定时间内。

任务实施

自动售票机钱箱一般由客运值班员负责更换。若在运营时间更换钱箱时,须设置"暂停服务"牌。更换完成后,须确认自动售票机已恢复正常服务状态后,再撤除"暂停服务"牌,并立即将钱箱送返票务室。

一、自动售票机硬币钱箱更换操作

(1)打开维修门。
(2)在维护面板上登录。
(3)在维护面板上选择"补充硬币"。
(4)将待更换硬币钱箱(图4-18)的前盖扳手动推回箱体(图4-19)。

图4-18 自动售票机硬币钱箱

图4-19 自动售票机硬币钱箱推回盖板操作

(5)用钥匙将取箱锁扳至开位(图4-20)。
(6)双手取下硬币钱箱,并取出钱箱内硬币装入指定容器中。相关资源见二维码16。

二维码16

二、自动售票机纸币钱箱更换操作

(1)打开维修门。
(2)拉动纸币模块下端"拉出把手"(图4-21)。
(3)用钥匙将锁位扳至"开"状态(图4-22)。
(4)拉出纸币钱箱把手,双手将纸币箱取下。
(5)按照规定取出纸币钱箱内的纸币装入指定容器内,再装回自动售票机(或直接安装更新的纸币钱箱)。相关资源见二维码17。

二维码17

图 4-20　自动售票机硬币钱箱锁闭

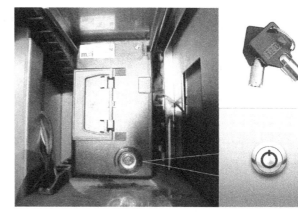

图 4-21　自动售票机纸币模块示意图　　图 4-22　自动售票机纸币钱箱开锁操作

三、更换钱箱的注意事项

（1）更换钱箱的工作必须在车站计算机设置的系统运营结束时间之前全部完成。

（2）每日运营结束后，必须更换所有投入服务的自动售票机的钱箱。

（3）每日实际运营结束后更换钱箱，须将找零器和副找零器内的所有硬币回收至硬币钱箱内。

（4）更换钱箱时需两人进行操作：一人负责具体操作，一人负责更换钱箱操作的监控和安全工作。

（5）打开自动售票机维修门及取出钱箱时必须报车站综控室，在得到车站综控室在车站计算机上下达命令后，用员工号和个人密码登录。

（6）根据需要准备一定数量的空钱箱，以便更换时作替换用。

（7）从设备上取下钱箱后要立即放入运营小车中并上锁，并按操作规程要求装上空钱箱。

（8）钱箱更换完毕后，设备后门要及时上锁。

（9）须两人将运营小车推回票务室，并选择安全的路线，任何一人都不可擅自离开。

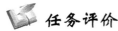
任务评价

根据以上学习内容,评价自己对本模块内容的掌握程度,在下表相应空格里打"√"。

评价内容	差	合格	良好	优秀
对自动售票机钱箱更换工作要求的掌握程度				
对自动售票机钱箱更换作业操作流程的掌握程度				
学习中存在的问题或感悟				

任务三　自动售票机乘客事务处理

相关知识

自动售票机乘客事务处理中通常会遇到自动售票机卡币、卡票、找零不足、充值不成功等问题。

一、自动售票机卡币

卡币主要指乘客在自动售票机上投币购票时,因自动售票机自身原因或乘客所投纸币(硬币)边缘变形、胶带物等原因,导致纸币(硬币)被卡在自动售票机的某个部位,自动售票机不再接收纸币(硬币)的情况。

二、自动售票机卡票

卡票主要是指自动售票机在给乘客发售单程票的过程中,因自动售票机自身原因或单程票边缘变形、变厚等原因,导致单程票被卡在自动售票机的某个部位,自动售票机自动进入"暂停服务"模式的情况。

三、自动售票机找零不足

自动售票机找零不足是指当乘客投入自动售票机的现金金额大于实际购票金额,因自动售票机自身原因或找零硬币边缘变形、粘有胶带物等原因,导致找零硬币被卡在自动售票机的某个部位,自动售票机停止找零,造成找零金额不足的情况。

四、自动售票机充值不成功

自动售票机充值不成功是指乘客在自动售票机上投币充值时,因自动售票机自身原因或其他原因,导致自动售票机收取乘客投入的充值金额后,未将充值金额信息写入票卡的情况。

任务实施

一、自动售票机卡币的处理

当乘客反映自动售票机卡币时,客运值班员首先要检查自动售票机投币口是否有纸币(硬币)堵塞或显示屏是否显示卡币故障代码,确认是否发生卡币情况。

（1）如显示屏显示卡币故障代码,则应按车站规定填写乘客事务处理单,以多退少补的原则给卡币的乘客发售相应面值的车票,同时报专业维修人员进行处理。

（2）如检查投币口无纸币（硬币）堵塞,显示屏未显示卡币故障代码,则由值班员与另一车站员工共同打开自动售票机维修门,查看自动售票机的最近交易记录,并根据查询情况进行处理。

（3）若自动售票机显示正常且没有与乘客反映购票情况一致的交易记录,则表示没有卡币情况发生,由值班员负责向乘客做好解释工作。

二、自动售票机卡票的处理

当乘客反映卡票时,客运值班员首先查看显示屏是否显示卡票故障代码,确认是否发生卡票情况。

（1）如显示屏显示卡票故障代码,则应按车站规定填写"乘客事务处理单",并在半自动售票机处按乘客需求重新发售一张车票或者办理退票手续,同时报专业维修人员进行处理。

（2）如显示屏未显示卡票故障代码,则由客运值班员与另一车站工作人员共同打开自动售票机维修门,查看自动售票机的最近交易记录,并根据查询情况进行处理。

（3）若自动售票机显示正常且没有与乘客反映购票情况一致的交易记录,则表示没有卡票情况发生,由客运值班员负责向乘客做好解释工作。

三、自动售票机找零不足的处理

当乘客反映自动售票机找零不足时,客运值班员应首先检查自动售票机显示屏是否显示找零不足故障的代码,确认是否发生找零不足的情况：

（1）如自动售票机显示屏有显示找零不足故障代码时,则填写乘客事务处理单,注明找零不足处理情况,在半自动售票机上退还相应款额给乘客,同时报专业维修人员进行处理。

（2）如自动售票机显示屏没有显示找零不足故障代码时,则询问乘客购票情况,由客运值班员和另一名车站工作人员共同打开自动售票机维修门,查看自动售票机的最近交易记录,确认是否与乘客反映的购票情况一致,若情况一致,则填写"乘客事务处理单",注明找零不足处理情况,在半自动售票机上退还相应款额给乘客,同时报专业维修人员进行处理。

（3）若自动售票机显示正常且没有与乘客反映购票情况一致的交易记录,则表示没有发生找零不足,由客运值班员负责向乘客做好解释工作。

四、自动售票机充值不成功的处理

当乘客反映自动售票机充值不成功,客运值班员与值班站长应共同打开自动售票机维修门,查看最近交易记录,确认是否有与乘客反映一致的充值交易记录。

（1）若没有与乘客反映一致的充值交易记录,则应立即通知专业维修人员到现场处理,确认自动售票机是否发生已收款但充值不成功的情况,车站值班员根据维修人员判断结果进行乘客事务处理。

（2）若有与乘客反映相符的充值交易记录,则在半自动售票机上分析车票,根据查询情况,核实是否确有发生自动售票机已收款但充值不成功的情况。

(3)若半自动售票机分析车票显示已成功充值,则请乘客通过显示屏确认车票成功充值,并确认车票充值前后余额,在做好解释工作后将票卡交还乘客。

(4)若半自动售票机分析车票余额及历史交易记录均显示没有该次充值,则表示自动售票机确实发生已收款但充值不成功的情况,车站值班员按规定办理乘客事务处理单,注明充值不成功处理情况,根据乘客需要在半自动售票机上给乘客办理等额充值或退还给乘客充值金额。

任务评价

根据以上学习内容,评价自己对本模块内容的掌握程度,在下表相应空格里打"√"。

评价内容	差	合格	良好	优秀
对自动售票机各类型的乘客事务处理的掌握程度				
对自动售票机各类型乘客事务处理操作流程的掌握程度				
学习中存在的问题或感悟				

任务四　自动售票机常见故障处理

相关知识

一、异常情况处理原则

快速处理、方便乘客、及时报修、落实监控。

二、票务异常情况的处理要求

(1)确认报警内容、报警设备号和报警原因。
(2)确认本站当前设备运营模式,及时到现场查看。
(3)正确判断故障类型。
(4)如需要更换自动售票机钱箱、票箱,须及时更换。
(5)如设备故障不能使用时,立即摆放"设备故障,暂停使用"指示牌,并通知维修单位进行维修,做好维修登记。
(6)票卡出现异常后,应及时为乘客解决票卡问题。

任务实施

一、部分自动售票机故障或能力不足

自动售票机能力不足是指当车站出现突发大客流等特殊情况时,由于现有的自动售票机数量有限,不能满足乘客购票需要,导致大量乘客在车站非付费区滞留并等候购票的情况。

当站内部分自动售票机故障时,若为职责范围内的故障情况,客运值班员或行车值班员应进行简单故障处理,若非职责范围内或无法处理的设备故障,应及时向相关部门报修,并做好报修记录。工作人员对乘客做好引导宣传工作。若无法满足乘客需求,视客流情

况,值班站长可下令适当加开半自动售票机(BOM),安排票务员在半自动售票机上出售单程票,以加大售票能力。

部分自动售票机故障或能力不足的处理流程如图 4-23 所示。

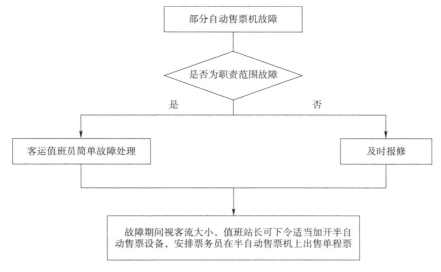

图 4-23 部分自动售票机故障处理流程

二、全部自动售票机故障

当车站全部自动售票机故障时,客运值班员或行车值班员应立即通知值班站长,向相关维修部门报修,做好记录,并到站厅进行宣传疏导工作。

全部自动售票机故障时,值班站长安排票务员在半自动售票机上出售单程票;根据客流情况,当半自动售票机售票不能满足乘客购票需求时,值班站长需要报站长确定是否出售预制票或纸票,并报告控制中心(OCC)的行车调度员,由行车调度员通知其他车站做好给乘客检票的准备工作;同时安排人员引导持纸票的乘客从应急通道进站;车站在设备恢复正常或客流有效缓解后恢复正常运作,值班站长决定停止售卖纸票并上报控制中心的行车调度员。全部自动售票机故障处理流程如图 4-24 所示。

三、一般设备故障案例

[案例一]自动售票机卡票

故障现象:自动售票设备出票时卡票。

故障原因:一般故障点为车票卡在读写器部位、车票卡在传送带上或故障车票(票卡弯折或者损坏)。

解决方法:从卡票的位置上将车票取出,重新整理好车票压入票箱。

[案例二]自动售票机少硬币

故障现象:某日某站结账时发现一台自动售票机少硬币 5 枚。

原因分析:设备故障,多找乘客硬币。

处理过程:及时上报公司主管部(室),主管人员到事发车站查看自动售检票票务室(点钞室)现金清点录像,判断当班行车值班员及值班站长操作符合公司要求,在自动售检票票务室(点钞室)内打开硬币钱箱并进行清点工作。

处理结果:损失未让当事人承担。

注意事项:确认钱箱内无异物;必须严格遵守公司工作制度及流程,在监控器下进行清点,将差额计入相关台账。

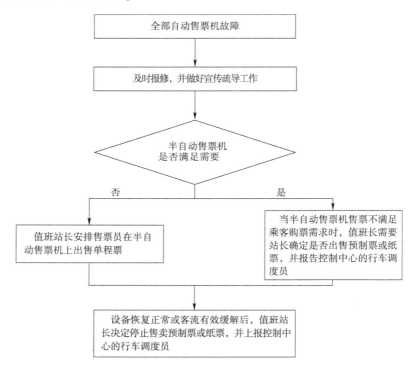

图 4-24 全部自动售票机故障处理流程

[**案例三**]**自动售票机开机无显示**

故障现象:开机无显示。

原因分析:无电源输入或者部件连接异常。

解决办法:检查电源及显示器、部件连接,若无异常则联系专业维护人员。

[**案例四**]**自动售票机暂停服务**

故障现象:自动售票机启动后显示"暂停服务",不能进入工作状态。

原因分析:单程票处理单元异常,或者硬币处理单元、纸币处理单元异常,或者维修门在打开状态或维护门状态检测传感器异常。

解决办法:检查部件电源及通信连接,并检查关闭维修门,若无异常,联系专业维护人员。

[**案例五**]**自动售票机启动后显示"只收纸币"**

故障现象:自动售票机启动后显示"只收纸币"。

原因分析:硬币处理模块有卡币或者硬币箱没有正确安装。

解决办法:

(1)启动设备后机器内部会对硬币模块进行测试,如果测试失败会进入"只收纸币"状态,这种问题一般是硬币识别模块被硬币或其他异物堵塞导致,可通过检查硬币识别模块并重新启动设备解决。

(2)正确安装硬币箱。

[案例六]自动售票机屏幕显示"网络连接失败"

故障现象:自动售票机屏幕显示"网络连接失败"。

原因分析:网络出现故障。

解决办法:

(1)请检查自动售票机和服务器之间的网络连接是否正常。

(2)请检查系统服务器软件是否正常运行。

[案例七]自动售票机屏幕显示"只收硬币"

故障现象:自动售票机屏幕显示"只收硬币"。

原因分析:纸币识别模块有卡币或者纸币钱箱没有正确安装。

解决办法:

(1)纸币识别模块被纸币或其他异物堵塞导致,请检查纸币识别模块并重新启动设备。

(2)正确安装纸币钱箱。

[案例八]自动售票机屏幕显示"无找零"

故障现象:自动售票机屏幕显示"无找零"。

原因分析:硬币识别模块内没有放入找零用硬币或者硬币找零钱箱没有正确安装。

解决办法:

(1)放入找零用硬币。

(2)正确安装硬币找零钱箱。

[案例九]自动售票机屏幕显示"只充值"

故障现象:自动售票机屏幕显示"只充值"。

原因分析:单程票发售模块内没有放入车票或者票箱没有正确安装。

解决办法:

(1)放入发售用车票。

(2)正确安装票箱。

[案例十]自动售票机屏幕显示"只发售"

故障现象:自动售票机屏幕显示"只发售"。

原因分析:储值票读卡器有故障或连接错误。

解决办法:联系厂家更换储值票读卡器,或检查连接线缆。

[案例十一]自动售票机启动后乘客显示器没有显示

故障现象:自动售票机启动后乘客显示器没有显示。

原因分析:自动售票机内部工控机没有开机或显示器处于关闭状态。

解决办法:打开工控机电源或打开显示器电源。

任务评价

根据以上学习内容,评价自己对本模块内容的掌握程度,在下表相应空格里打"√"。

评价内容	差	合格	良好	优秀
对自动售票机常见故障类型的掌握程度				
对自动售票机常见故障处理流程的掌握程度				
学习中存在的问题或感悟				

 模块训练

任务训练单

班级:　　　　姓名:　　　　训练时间:

任务训练单	自动售票机相关作业
任务目标	掌握自动售票机的售票作业流程,能进行自动售票机钱箱更换及钱箱内现金清点作业,能进行自动售票机乘客乘务处理,并能够进行常见故障的处理
任务训练 任务训练说明:请从下列任务中选择两个进行训练 　自动售票机运用、车票出售、自动售票机钱币钱箱更换操作、纸币钱箱更换操作、自动售票机卡币的乘务处理、自动售票机卡票的乘务处理、自动售票机找零不足的乘务处理、自动售票机充值不成功的乘务处理、自动售票机卡票的处理、自动售票机少硬币的处理	
任务训练一: (说明:总结作业流程,并在实训室进行实操训练或者在模拟软件上完成实操训练)	
任务训练二: (说明:总结作业流程,并在实训室进行实操训练或者在模拟软件上完成实操训练)	
任务训练的其他说明或建议:	
指导老师评语:	
任务完成人签字:	日期:　　年　　月　　日
指导老师签字:	日期:　　年　　月　　日

 模块小结

　　本模块重点介绍了自动售票机的售票作业、钱箱更换及钱箱内现金清点作业和乘客乘务处理。要掌握自动售票机的以上作业,首先要掌握自动售票机的构成、功能等知识。自动售票机主要由整机电源、主控制单元、乘客触摸屏显示器、运营状态显示屏、纸币回收单元、纸币找零单元、硬币单元、票卡发行单元、维护面板、票据打印机及维修打印机、维修照明开关等部件组成。

同时,本模块也介绍了自动售票机的常见故障,包括卡币、卡票、找零不足、自动售票机充值不成功等。同时该模块中对于这些常见故障给出了相关的处理案例。

 模块自测

一、填空题

1. 自动售票机主要由_____、_____、_____、运营状态显示器、纸币回收单元、纸币找零单元、硬币单元、票卡发行单元、维护面板、票据打印机及维修打印机_____等部件组成。

2. 自动售票机的功能主要是通过乘客的自助操作完成地铁_____作业和_____作业。

3. 自助售票作业包括_____、_____、_____、_____等过程。

4. 储值卡充值作业包括_____、_____、_____等过程。

5. 运行模式包括_____、_____、_____、_____、_____。

6. 自动售票机乘客乘务处理中通常会遇到自动售票机_____、_____、_____、_____等问题。

二、简答题

1. 简述自动售票机的结构及功能。
2. 分析自动售票机的未来发展趋势。
3. 简述自动售票机钱箱清点工作的作业要求及操作流程。
4. 简述自动售票机有哪几种类型的乘务处理,分别应该如何处理?
5. 简述自动售票机的常见故障。
6. 请您根据本模块所学的知识,上机完成自动售票机的实操练习。

模块五　自动检票机操作与故障应急处理

 问题导学

小美从书包里找出一卡通卡,把卡片放在进站闸机感应处,但闸机门并没有打开,而是发出了警报声。原来是小美昨天出站的时候没有刷卡成功,导致一卡通卡的状态还是未出站状态,因而不能顺利进站。在车站值班员的帮助下,小美的一卡通卡补充上了昨天的出站记录,再次刷卡时,小美顺利地进入车站。

事后,小美才知道原来这个进出站的闸机就是自动检票机。自动检票机是怎样构成的?在车站运营过程中车站值班员需要对它进行哪些操作?自动检票机会出现什么样的故障?这些问题将在本模块中得到解答。

 学习目标

1. 掌握自动检票机的结构;
2. 掌握自动检票机的功能;
3. 了解自动检票机的未来发展趋势;
4. 熟悉自动检票机监票作业内容;
5. 掌握自动检票机监票服务内容;
6. 熟悉自动检票机界面显示;
7. 了解自动检票机的工作原理;
8. 了解自动检票机票务异常情况处理原则。

 技能目标

1. 能正常引导乘客使用自动检票机;
2. 能正确识别自动检票机(AG)设备显示情况及乘客票卡异常情况;
3. 能按照一票通车票/一卡通卡异常情况处理的要求办理进出站作业;
4. 能准确及时地处理卡票;
5. 能准确及时地进行更换票箱作业。

任务一　自动检票机监票作业

 相关知识

地铁自动检票机(英文缩写为AG,通常也称为闸机)将车站的站厅分成付费区和非付费区,乘客在进入和离开付费区时,检票类设备会对车票的有效性进行检查,对持有效车票的乘客进行放行,阻挡并指示持无效车票的乘客进行相应的处理。自动检票机分为进站检票机、出站检票机、双向检票机、宽通道双向检票机四类。自动检票机如图 5-1 所示。

图 5-1 自动检票机

一、自动检票机构成

自动检票机主要包括机箱部、乘客检测传感器、投入口、导向显示部、操作部、闸门部、电源部、主控单元、交流电输入部(AC 输入部)、扬声器、回收单元、通道导向显示部、复位开关、通行显示灯、异常内容显示开关、读/写部(R/W 部)等,如图 5-2 所示。

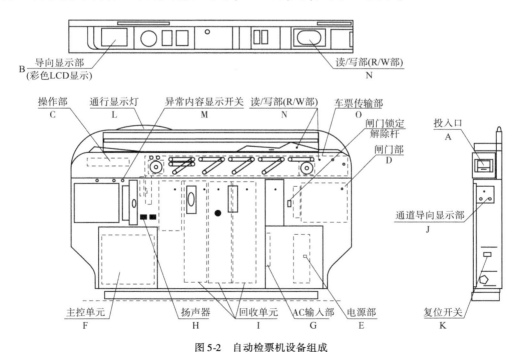

图 5-2 自动检票机设备组成

表 5-1 对图 5-2 中所标注的 A~N 各个部位进行了详细阐述。

自动检票机主要组成单元列表 表 5-1

部位	单元	结构	备注
机箱部	—	主机用钢板制作 不上锁时处于正规位置,是稳定的 设备的维修可以全部在通道侧进行	
乘客检测传感器	—	使用穿透型和反射型传感器,用光学原理检测乘客的通行方向	反射型传感器用于检测儿童高度(约1.2m)
A	投入口	其结构应便于车票的投入 是票卡专用投入口;可以退回车票 各种车票都可以从前后、正反任意方向投入 投入口在乘客通行的右侧 投入口装有舌挡	
B	导向显示部	安装在行进方向右侧 主机、从机上都安装 彩色 LCD[6.5in(1in=0.0254m)]	
C	操作部	乘客显示器横侧安装操作面板 主机是站员和维修人员共用 从机是维修人员使用	
D	闸门部	拍打门 闸门在开闭时,采用了对乘客安全的结构 闸门以弹性体为主体,内部使用有耐久性的材料	有阻止持无效车票乘客通过等功能
E	电源部	向控制单元、回收单元、闸门等提供必要的交流电(AC)和直流电(DC)电源	
F	主控单元	使用高性能微机 具有与各种输入输出电路和外部进行通信控制的功能	进行以下的控制: 车票信息的判断 各种异常检测 乘客的通行控制 回收单元的控制 在站员操作部设置的各种功能的控制
G	AC输入部	在安装时,交流电(AC)电缆可以方便地连接到端子排 端子排上装有保护盖 有漏电断路开关,断路开关的结构可以方便地进行检查操作	
H	扬声器	安装在主机上	

续上表

部位	单元	结构	备注
I 回收单元	读/写器（R/W部）	在基板上安装有天线电路和控制用CPU，控制读写基板可以方便地更换	用于回收票卡
	传输部	由电机和磁驱动电路等构成 基板可以方便地更换	票卡传输机构的控制
	分拣部	根据判断条件，把票卡引导到票箱或者废票箱	
	回收票箱	在同一个门内安装票箱、废票箱 各箱的容量： 票箱为800张票卡/箱 废票箱为300张票卡/箱	可以安装： 票箱3个 废票箱1个
J	通道导向显示部	安装在投入口下部 24×24点LED面板	
K	复位开关	每个通道的出入口各设1个 面向设备，安装在右侧	
L	通行显示灯	在导向显示画面上部安装显示灯，一般安装3个	
M	异常内容显示开关	安装在彩色LCD下部	
N	读/写部（R/W部）	在基板上安装天线电路和控制用CPU，控制读写基板可以方便地更换	非回收票用

二、自动检票机功能

自动检票机是基于满足乘客右手持票快速通过的需求进行设计的，即检票装置安置在乘客右手一侧，能够识别城市轨道交通专用车票和市政交通一卡通车票。自动检票机可自动读取乘客所持车票的相关信息，判断车票是否有效，并允许持有效车票的乘客通过。经过处理的车票数据通过网络被发送至车站计算机系统处。自动检票机通过检测，会阻止未持票或持无效车票的乘客通过。但是，自动检票机只对身高120cm以上的乘客进行是否持有效车票的检查。

自动检票机能够通过LCD显示器、指示灯、警报器向乘客以及车站站员提供必要的指示信息及显示相关状态。自动检票机能够控制顶棚导向标志，并接收紧急按钮发出的信号。当车站处于紧急情况或设备失电时，自动检票机所有闸门会全部打开。自动检票机可以根据上位机发出的相应的模式变更信息，做出相应模式的改变。

三、自动检票机发展

2008年6月9日，北京地铁自动售检票系统正式开通，该系统设备大多为引进的国外原装设备，如机场线、地铁13号线自动检票机采用日信产品，地铁5号线自动检票机采用欧姆龙产品等。近些年，在历经自动售检票系统及市场需求变化的背景下，在引进关键技术的基础上，各大厂商已经进行了自动检票机的国产化生产，有了自主的知识产权产品，这可以利于日后的设备检修作业及日常维护,降低耗材成本。

四、自动检票机监票作业内容

自动检票机监票作业主要包括实现监护乘客进出闸机及乘客对各种票卡使用的现场处理工作;依据公司相关规定,处理乘客违章事宜;在自动售检票机大面积瘫痪后,在人工售检票模式下的人工检票业务。

五、自动检票机监票服务内容

自动检票机监票服务主要是帮助、指导、监护乘客通过自动检票机顺利进出车站。同时解答乘客问询,满足乘客合理要求。

任务实施

一、监票作业

1. 监票作业流程

监票作业应当遵守"一听看、二提示、三疏导"的流程进行。

(1)一听看:听设备提示音是否正确,看设备显示灯是否正确。

(2)二提示:提示乘客正确刷卡、按顺序进出站。

(3)三疏导:保证刷卡成功的乘客迅速进出站,引导票卡异常的乘客到售票室处理。相关资源见二维码18。

二维码18

①沟通:站务员与乘客沟通,确认乘客在刷卡进站/出站时所遇到的问题。

②判断:站务员判断问题症结,如乘客没有在感应区刷卡,因而闸机没有打开。

③指导:站务员指导乘客退至黄线外,在感应区内刷卡进站/出站。

2. 人工检票作业流程

人工检票作业应当遵守"一看、二撕、三方向"的流程进行。

(1)一看:看车票是否有效,进站人数与车票张数是否相符。

(2)二撕:撕下车票副券并将报销凭证交还乘客。

(3)三放行:放行乘客进站乘车。

3. 注意事项

(1)指导乘客使用自动检票机设备时应注意不要影响其他乘客进出。

(2)进行票卡查询时请乘客亲自确认,并向乘客进行解释。

(3)在处理具体事宜时应注意处理的方式,必要时可交由值班站长处理。

(4)乘客使用异常或无效的回收/非回收票卡时,AG设备发出语音提示。

(5)刷卡过快不符合技术规格指标时,会造成信息读、写不完全导致票卡发生错误无法正常使用,这些都是非接触式票卡应用中的常见现象。要确保进出站时票卡接触感应区域1s以上。

二、监票服务

监票服务应当遵循"一观察、二讲解、三指导、四协助"的流程进行。

（1）一观察：当发现乘客使用自动检票机设备方法不正确时，主动上前与乘客礼貌打招呼："您好！需要什么帮助吗？"
（2）二讲解：向乘客讲解票卡在自动检票机设备上正确的使用方法。
（3）三指导：指导乘客在自动检票机设备上进行规范操作。
（4）四协助：协助乘客正确使用自动检票机设备，顺利进出付费区。

注意事项：
(1) 使用规范服务用语，注意说话语气。要注意自己的言行举止，避免纠纷和投诉，掌握纠正乘客违章的九种方法：文明礼貌法、严谨求实法、异地处理法、和颜悦色法、易人处理法、换位思考法、灵活应变法、冷却处理法、乘客选择法。
(2) 进行票卡信息查询时要请乘客亲自确认，并向乘客做好解释工作。
(3) 在指导乘客使用自动检票机设备时应注意不要影响其他乘客进出闸机。
(4) 在处理补票事宜时应注意处理的方式，必要时可交由值班站长处理。

任务评价

根据以上学习内容，评价自己对本模块内容的掌握程度，在下表相应空格里打"√"。

评 价 内 容	差	合格	良好	优秀
对自动检票机构成、功能等内容的掌握程度				
对自动检票机检票作业流程的掌握程度				
学习中存在的问题或感悟				

任务二　自动检票机常用操作

相关知识

自动检票机界面显示

自动检票机的界面主要是指面向乘客的提示信息，包括乘客显示器、方向指示器、警示灯等，如表5-2所示。

自动检票机界面　　　　　　　　　　　　　表5-2

类　　型	作　　用	示　　例
乘客显示器	向乘客显示车票处理结果，显示设备运营模式、状态等提示信息	
方向指示器	提示通道进出方向是否可用	
警示灯	报警、无效票	

续上表

类　型	作　用	示　例
员工票灯	使用员工票时显示	
优惠票灯	当乘客使用优惠类车票(如福利票)时显示	优惠票
刷卡指示灯	根据模式显示	
语音提示	乘客错误使用车票、错误过闸时发出的语言提示信息	例如:"请您通知工作人员"

任务实施

一、自动监票机更换票箱作业

1. 更换票箱作业流程

闸机是控制乘客进出站的通行控制设备,可以处理由自动售票机或半自动售票机发行的回收票,以及由半自动售票机发行的非回收票。

票箱更换操作遵循"一监视、二设牌、三更换、四撤牌、五送箱"的流程。相关资源见二维码19。

二维码19

(1)一监视:通过车站计算机管理系统监控自动检票机内的票箱信息。

(2)二设牌:更换票箱时,需设置设备检修提示牌。

(3)三更换:根据需要进行票箱更换。

(4)四撤牌:设备恢复正常后,将设备检修提示牌撤走。

(5)五送箱:换下的票箱须送回自动售检票系统票务室(点钞室)进行清点。

具体操作步骤如下:

(1)判断。通过显示器上的显示判断是否票箱已满,是否需要更换票箱来保证持续运营。

(2)登录系统。打开进站端的机箱盖,使用操作单元输入工号及密码,点击回车键登录自动检票系统,进入管理页面后选择票箱更换,在票箱更换页面中选择卸下票箱,在装卸操作警告提示出现后,选中需要更换的票箱按回车键,在"卸下票箱操作完成"的提示弹出后就可以装卸了。

(3)票箱更换。打开出站端的机箱盖,松开回收单元的传输部件,取出已满的票箱,装上完好的空票箱,抬起传输部件,将票箱推入合理的位置,并把票箱固定锁扣锁好,把传输部件调试到能正常将票卡导入票箱的状态,锁闭出站端的机箱盖。

具体卸下票箱步骤如图5-3所示。

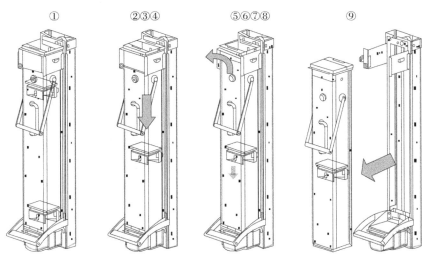

图5-3 拆卸票箱的操作流程

①-接收来自上位机的票箱更换命令;②-托盘向下移动;③-检测车票的最高位置,当检测到车票的最高位置低于指定的位置时,停止移动托盘;④-关上顶盖;⑤-打开工作锁(顶盖被锁上);⑥-托盘被固定;⑦-拨动开关至"OFF";⑧-托盘移动机构下降;⑨-拆卸票箱

将装满单程票的票箱拆下后,更换上空的票箱。安装票箱流程如图5-4所示。安装时要按顺序进行,在完成当前动作之前不能进入下一个动作。

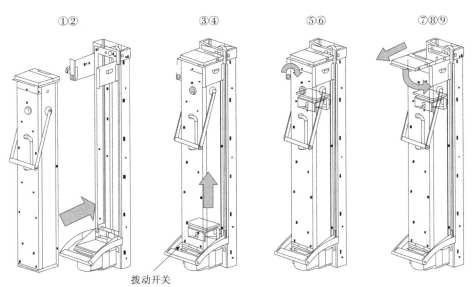

图5-4 安装票箱流程

①-安装票箱。利用票箱前面的把手,以水平方向把票箱小心地安装在画有标识符的连接器上(ID Connector);②-检测票箱安装到位[检查票箱标识符(ID)];③-拨动开关到"ON";④-托盘移动机构带动托盘向上移动;⑤-检测车票最高位置,当检测到车票最高位置到达指定的位置时,停止移动托盘;⑥-锁上工作锁(顶盖锁机构松开);⑦-固定托盘的机构松开,打开顶盖;⑧-回收或售票模块初始化;⑨-票箱安装完毕后,在维修面板中选择安装票箱,退出维修面板并注销,推进并关好维修门

设备读到不同的票箱标识符后计数器清零,完成票箱更换工作,随后站务员将换出的票箱运回票务室(点钞室)进行清点。

(4)系统确认。到进站端使用操作单元,在票箱更换页面中选择装上票箱,系统显示出装卸操作警告提示后,选中已经更换的票箱按回车键,等"装配票箱操作完成"的提示弹出即表明确认成功,确认完后锁闭进站端的机箱盖。

2.注意事项

(1)闸机票箱更换时,工作人员应在对应通道设置"暂停服务"的指示牌,主动引导乘客使用其他通道。

(2)有的地铁线路自动检票机的导向显示部的右上角位置,有票箱内车票数量的数字显示,监票人员可以根据显示屏的提示判断是否需要更换票箱。

(3)闸机票箱更换时,应严格按照操作流程将票箱整体卸下,待票箱卸下后再取装车票,不能违规在闸机上直接打开票箱。

(4)更换票箱时,必须交换物理位置。

(5)运营安全:

①更换自动检票机票箱时,尽量考虑在非运营时间或客流较少的运营时间进行。

②更换时注意安放警示标识,隔离自动检票机,不要让乘客围观。

(6)设备安全:

①按照规定的操作流程执行,禁止野蛮操作。

②卸下和安装票箱时尽量用双手,并避免刮碰到票箱和设备。

(7)人员安全:

①采用合适的人力抬举方式,避免伤到自己。

②更换票箱是带电作业,注意用电安全。

二、模式设置

双向自动检票机能够进行模式设置。双向自动检票机的模式设置由行车值班员通过监控车站计算机管理系统完成远程操作或单机设置,包括进站模式、出站模式和双向模式。

注意事项:

(1)自动检票机重新启动时会短时间与车站计算机中断,此为正常现象。请在设备完全启动后确认设备状态。

(2)运营开始时需按正确流程启动设备,避免将处于休眠状态的设备误认为故障设备。

(3)工作站对现场设备不宜短时间内连续快速地向终端发送大量命令,否则可能导致设备动作异常。

三、重启自动检票机操作

1.下电与上电

打开闸机主维修门,找到空气隔离开关(电源开关),将开关拨到向上位置。

2. 开机与关机

在设备上电的情况下，将主控制器的电源开关拨到"打开"位置（图5-5），如果上次是正常关机，则还需要单击主控制器的"reset"开关。

3. 开关机操作注意事项

（1）闸机启动时，必须保证所有维修门关闭，通道畅通。

（2）进行操作前，请确保所有刷卡的有效乘客都已过闸。

（3）不要插拔设备的连接线，如果必须要插拔，请先退出系统，关机断电后再进行。

图5-5 自动检票机空气隔离（电源）开关

（4）请不要互换模块的连接端口。

（5）打开维修门后在规定的时间内必须登录。

（6）在登录维修面板前不要动票箱；登录维修面板后，在系统规定的时间内没有任何操作，则自动签退。

四、自动检票机定期维护

1. 整机清扫、结构紧固、整机工作状态测试

检修内容：

（1）断电操作，清洁机架内部，清除内部杂物。

（2）对机架、结构框架以及底座上松动和丢失的螺钉、螺母以及配件进行紧固加装。

（3）检查终端显示的亮度及运转情况。

（4）通过维修菜单中的自检程序，测试所有模块的工作状态是否正常。

（5）断电操作，擦掉所有灰尘并清洁内部，清除内部杂物。

（6）清扫主控部风扇过滤网。

（7）用毛刷清扫打印头及走纸通道内的纸屑，检测打印机工作是否正常。

衡量标准：

（1）自动检票机内部所有单元清洁、无尘土。

（2）自动检票机内的螺钉、螺母及配件紧固、无松动。

（3）终端显示无异常。

（4）自动检票机所有模块测试良好，工作正常。

注意事项：

（1）不能使用磨蚀性、酸性、碱性或氯化清洁剂。

（2）清洁时要谨慎，避免水进入模块的电路板。

（3）在做各项清扫前，一定要将其所涉及的模块断电。

2. 自动检票机传感器清扫、检查和测试

（1）卸下盖板及树脂盖，用清洁棉布和棉棒对传感器、高度检测传感器、传感器过滤器进行清洁。

(2)打开维修门及中央通道盖,用清洁棉布和棉棒对传感器、传感器过滤器进行清洁。

(3)检查各传感器连接是否松动,检查端子头是否插紧。

(4)通过自动检票机本身测试软件,检查测试各传感器工作状态是否良好。

注意事项:

清洁传感器时,动作要尽量轻微,不要扭转其所处位置,清洁后检查对射传感器是否发射、接收正常。

3.票箱状态检查

(1)检修内容:检查票箱外观是否变形,检查票箱上盖板是否动作良好,检查票箱内弹簧是否动作良好,检查票箱定位是否良好,检查票箱锁具是否开关正常。

(2)衡量标准:票箱外观无变形,票箱上盖板动作良好,票箱内弹簧动作良好,票箱定位良好,锁具开关正常。

 任务评价

根据以上学习内容,评价自己对本模块内容的掌握程度,在下表相应空格里打"√"。

评价内容	差	合格	良好	优秀
对自动检票机界面显示的熟悉程度				
对自动检票机常用操作的操作流程的掌握程度				
学习中存在的问题或感悟				

任务三 自动检票机常见故障处理

 相关知识

一、自动检票机原理

1.进站检票机工作原理

进站检票闸机开始工作后,首先需要等待乘客刷卡。当一张非接触式票卡或一票通车票进入读卡器范围时,读写器将对车票进行有效性检查,若为有效票,则自动将进站站名、进站时间和设备号等信息写入车票中,然后打开扇门,检测到乘客通过后关闭扇门并返回到开始状态;若为无效票卡,则提示无效,扇门不开放。

2.出站检票机工作原理

出站检票机开始工作后,首先需要等待乘客刷卡或插卡。当一张单程票票卡车票投入票口后或一张非接触式票卡进入读卡器范围时,检票机将对车票的有效性和车费进行检查,若为有效票,单程票则自动写入注销信息并回收;定值票、储值票、计次票等扣除相应乘车费用和乘次,员工票、工作票等免费车票写入相应记录后打开扇门,检测到乘客通过后关闭扇门并返回到开始状态;若为无效票,则提示无效,扇门不开放。

二、票务异常情况处理

1. 异常情况处理原则

快速处理、方便乘客、及时报修、落实监控。

2. 异常情况处理要求

(1)查看报警内容、报警设备号和报警原因。

(2)确认本站当前设备运营模式,及时到现场进行查看。

(3)正确判断故障类型。

(4)如需要更换闸机票箱或自动售票机钱箱、票箱时,须及时更换。

(5)如设备故障不能使用时,立即摆放"设备故障,暂停使用"指示牌,并通知维修单位进行维修,做好维修登记。

(6)票卡出现异常后,应及时为乘客解决票卡问题。

任务实施

[案例一] 卡票

故障现象:自动检票机卡票。

故障原因:

(1)出站回收票未能进入票箱。

(2)票箱处理机连接错误。

(3)投票时传送带卡票。

(4)乘客误投或车票破损严重。

处理方法:

(1)取出卡住车票或将票导入票箱,确认复位。

(2)将卡住车票取出,重新启动设备。

(3)将卡住车票从传送带取出。

(4)将卡住车票取出。

卡票作业流程:

(1)判断。通过通行显示器上的显示判断为卡票,观察票卡投入口了解卡票现象,如果票卡卡在机箱内部,应打开机箱盖(图5-6),再次观察卡票位置或票卡是否损坏,确认状况后进行处理。

(2)处理。转动传输部的手动旋钮,使运输带转动并顺势取出卡住的票卡(图5-7)。

图5-6 卡票位置

图5-7 取出票卡

(3)查询。将取出的卡票交递到自动售检票票务室(点钞室),查询票卡是否正常,并予以处理。

注意事项:
(1)处理卡票时,监票人员应在对应通道设置"暂停服务"指示牌,主动引导乘客使用其他通道。
(2)应严格按照操作流程将票卡取出。
(3)卡票处理完毕后应将自动检票机恢复到能进行正常运营的状态。相关资源见二维码20。

二维码20

[案例二]车站单程票库存数据不准确或自动检票机故障
故障现象:车站单程票库存数据不准确或自动检票机故障,无法使用。
原因分析:设备故障或更换票箱时未交换物理位置。
处理方法:立即报修或交换票箱物理位置。
注意事项:掌握设备特点后,必须认真仔细工作。

 任务评价

根据以上学习内容,评价自己对本模块内容的掌握程度,在下表相应空格里打"√"。

评价内容	差	合格	良好	优秀
对自动检票机各类型的常见故障的掌握程度				
对自动检票机各类型的常见故障处理的掌握程度				
学习中存在的问题或感悟				

 模块训练

任务训练单

班级:　　　　　姓名:　　　　　训练时间:

任务训练单	自动检票机相关作业
任务目标	掌握自动检票机的监票作业流程,能进行自动检票机的常用操作,并能够进行常见故障的处理
任务训练 任务训练说明:请从下列任务中选择两个进行训练 自动检票机监票作业、更换票箱作业、重启自动检票机操作、自动检票机定期维护、卡票处理、车站单程票库存数量不准确	
任务训练一: (说明:总结作业流程,并在实训室进行实操训练或者上机在模拟软件上完成实操训练)	
任务训练二: (说明:总结作业流程,并在实训室进行实操训练或者上机在模拟软件上完成实操训练)	
任务训练的其他说明或建议:	
指导老师评语:	
任务完成人签字:	日期:　　年　　月　　日
指导老师签字:	日期:　　年　　月　　日

模块小结

本模块重点介绍了自动检票机的监票作业和常用操作。为了能够掌握自动检票机的常用作业,学生必须掌握自动检票机的构成、功能等内容。自动检票机主要包括机箱部、乘客检测传感器、投入口、导向显示部、操作部、闸门部、电源部、主控单元、AC 输入部、扬声器、回收单元、通道导向显示部、复位开关、通行显示灯、异常内容显示开关等。

同时,本模块也介绍了自动检票机的常见故障,它的常见故障包括卡票、车站单程票库存数据不准确或自动检票机故障等并对这些常见故障给出了相关的处理案例。

模块自测

一、填空题

1. 地铁自动检票机(英文简称 AG,通常也称为闸机)将车站地站厅分成_____和_____。
2. 自动检票机分为_____、_____、_____、_____四类。
3. 自动检票机主要包括_____、_____、_____、_____、操作部、闸门部、电源部、主控单元、AC 输入部、扬声器、回收单元、通道导向显示部、复位开关、通行显示灯、异常内容显示开关等。
4. 自动检票机的界面主要是指面向乘客的提示信息,包括_____、_____、警示灯等。

二、简答题

1. 简述自动检票机的结构及功能。
2. 分析自动检票机的未来发展趋势。
3. 自动检票机有哪几种常用操作?简述各类操作的作业流程。
4. 简述自动检票机检票作业流程。
5. 简述自动售票机的常见故障。
6. 请您根据本模块所学的知识,上机完成自动检票机的实操练习。

模块六　车站工作站及辅助设备操作

 问题导学

老师带着小美所在班级的全体学生到地铁车站参观。同学们第一次如此近距离地参观车站值班员的工作，十分兴奋。同学们在车站还看到教科书上讲述的各种票务设备：半自动售票机、自动售票机、自动检票机、车站工作站、自动查询机以及手持检票机等。

本模块将详细讲述车站工作站、自动查询机及手持检票机的结构原理以及相关的业务操作。

 学习目标

1. 了解车站工作站的构成、功能及未来发展趋势；
2. 了解自动查询机的构成、功能及工作原理；
3. 熟悉自动查询机的操作界面；
4. 掌握手持检票机的构成、功能及工作原理。

 技能目标

1. 能进行车站工作站系统操作；
2. 能通过车站工作站系统进行设备监视、群组控制、客流监视等；
3. 能帮助乘客进行自动查询机的相关操作；
4. 能正确进行手持检票机的监票作业；
5. 能正确引导乘客使用手持检票机设备。

任务一　车站工作站操作

 相关知识

车站计算机管理系统是线路自动售检票系统内的车站管理系统，负责车站的运营、票务管理。车站计算机管理系统可收集、处理车站内各类数据，上传到线路中央计算机系统；车站计算机管理系统可接收线路计算机管理系统下传的各类系统参数，下载到各车站的车站设备；车站计算机管理系统可接收线路计算机管理系统下达的各类系统指令，并下传到各车站设备；车站计算机管理系统还可根据需要自行向车站设备下达控制指令，并将该操作记录上传到线路计算机管理系统。相关资源见二维码21。

二维码21

一、车站中心设备构成

车站计算机管理系统由车站服务器、车站网络设备、车站紧急按钮系统等部分组成,如图 6-1 所示,其中标注圈(单线)内为车站计算机系统构成。

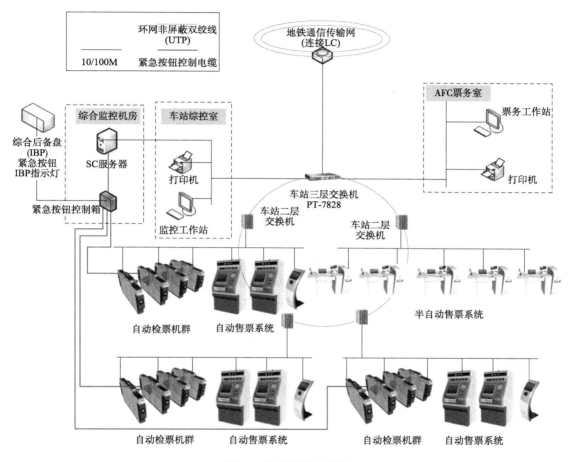

图 6-1 车站网络拓扑结构

1.车站服务器

车站服务器为车站自动售检票系统的核心部分,每座车站配备一台运营服务器,可对本车站内部的所有设备进行实时监控,实现对车站自动售检票系统运营、票务、收益及维修的集中管理功能。

2.车站网络设备

车站网络设备包括二层交换机和三层交换机,其中三层交换机每座车站配备一台,用于连接车站服务器、车站紧急按钮控制系统、不间断电源系统(UPS)、车站监控工作站和票务工作站,并与车站所有二层交换机组成一个环形工业以太网,保障车站内部的网络通信正常可靠,同时此三层交换机还通过通信专业的采集板挂接到线路传输通道中,由此完成车站与车站之间、车站与线路中心之间的可靠通信。车站二层交换机配备数量与车站需挂载的终端设备数量、设备位置有关。

3. 车站紧急按钮系统

车站紧急按钮系统设置在车站自动售检票系统机房内,是保障车站在突发紧急情况下放行乘客的一种模式设置。这套系统包括紧急按钮控制盒和触发按钮,触发按钮设置在综控室内综合监控操作盘上,并设有铅封保护,非紧急情况不得随意触发。因为此模式一旦触发,会致使模式履历通过清分中心下发到其他线路的所有车站和本线路的其他车站的所有终端上,并允许路网内任意票卡在没有出站交易的情况下在7天内可免费乘车一次,这会对路网内票款清分造成严重后果。

4. 车站工作站

车站工作站由监控工作站和票务工作站组成,分别分布在综控室和票务室内。监控工作站在日常工作中主要为客运人员提供设备监控、客流管理、报表管理等功能。票务工作站主要为客运人员完成钱箱和票箱认领与归还、财务管理、库存管理等功能。

5. 车站打印机

车站打印机主要提供车站各种报表的打印服务。

二、车站中心设备功能

车站计算机管理系统包括监控管理、运营管理、设备管理、客流管理、财务管理、数据管理、报表管理、系统管理八个功能。

1. 监控管理功能

车站中心设备能实时监控本站自动售票机、半自动售票机、自动检票机、查询机的运行状态和故障信息,并模拟车站设备布置位置,以图形化的形式监控车站各种设备的通信状态、运行状态及故障情况,在车站设备状态变化时能立刻自动接收其状态数据。

2. 运营管理功能

运营管理功能包括运营模式管理、运营时间表管理、票价表查询、参数管理,设置并管理站区及中心站。

3. 设备管理功能

设备管理功能包括设备构成管理、设备监视、设备控制。

4. 客流管理功能

客流管理功能包括客流监视、客流报表、客流分析。

5. 财务管理功能

财务管理功能包括现金管理、收益管理、收益核算、退换车票款查询、清算对账。

6. 数据管理功能

数据管理功能包括数据收集、数据处理、数据安全、数据审计、车票交易查询及异常处理、数据归档、外部媒体导入导出。

7. 报表管理功能

报表管理功能包括运营管理报表、客流管理报表、设备管理报表、财务管理报表。

8. 系统管理功能

系统管理功能包括用户管理、权限管理、日志管理、系统审计。

三、车站中心设备发展

车站中心设备的发展主要跟随网络设备的更新和网络拓扑结构的优化而发展。自动售检票系统的线路中车站级网络结构不同,大多采用的是商用网络产品,有星形结构、总线型结构、单环结构等。

任务实施

一、系统登录与退出

1. 操作员登录(图 6-2)

注意事项：输入密码错误 3 次自动锁定,不能进入该账号,自动售检票系统指挥中心进行解锁方可使用。

2. 操作员退出(系统管理——注销)

操作员退出系统的操作步骤：

(1)点击注销,车站计算机系统工作站将退回到登录界面(图 6-3)。

(2)操作员可以重新登录或者换其他用户再登录。

图 6-2　操作员登录界面

图 6-3　操作员退出操作

二、界面状态栏说明

界面状态栏能够显示当前工作站网络情况、服务器连接情况和数据库连接情况,如表 6-1 所示。

界面状态栏说明　　　　表 6-1

名　称	正　常	非　正　常
网络状态	网络正常	网络中断,工作站脱机,脱机下服务器和数据都中断
服务器连接情况	服务器连接正常	服务器连接中断
数据库连接情况	数据库连接正常	数据库连接中断

三、运营开始

在运营开始前,由当班行车值班员负责登录进入车站计算机,检测车站计算机与各终端设备的网络连接状况。运营开始步骤如下：

(1)点击"运营"→点击"运营开始"→在"是否发送唤醒指令"打"√"→点击"设备运营开始"→点击"车站运营开始"。

操作完毕,自动设备全部被唤醒(自动检票机、自动售票机等),设备开始自动运营。行车值班员在进行上述步骤操作后若发现车站设备未开始运营,应进行单台设备手动开启操作,网络通信中断时使用管理认证卡。

(2)半自动售票机操作员开启半自动售票机。

(3)检查现场设备是否全部开启且服务模式正确(如有未唤醒设备,使用设备监控,进行二次操作,唤醒失败时需按规定进行现场操作)。

四、设备监视

车站设备监控系统如图6-4所示。

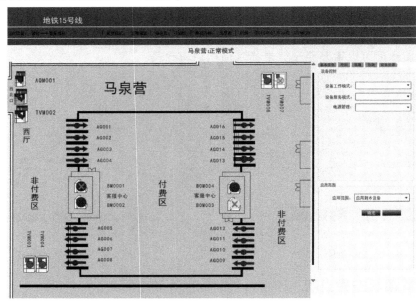

图6-4　车站设备监控系统

1.设备监视步骤:点击"运营"→点击"设备监视"

确认并监视各种设备状态,点击相应设备,便可在右侧的状态栏里更改该设备的状态。如车站计算机管理系统提示"钱箱将空""票箱将空",通知行车值班员到现场进行更换。可以按照值班站长的指令,更改双向闸机的通道方向,设定自助售票机具体的服务模式,满足运营需要。当班行车值班员负责通过车站计算机管理系统监控器监视各终端设备的运行状态。

2.更多状态查询

点击右侧的"更多状态查询",即可查询现在所有设备的状态,此界面也可以点击"设备监视列表"进行查看。

3.更多故障查询

点击右侧"更多故障查询",即可查询现有的设备故障状态。遇设备故障时,需要确认故障类型、故障时间。

4.遇故障时的处理

(1)确认报警内容、报警设备号和报警原因。

(2) 确认本站当前运营模式,必要时到现场进行查看,判断故障类型。
(3) 如需更换闸机票箱或自动售票机钱箱、票箱,必须及时更换。

五、群组控制

点击"运营"→点击"群组控制",可对群组或单独设备进行设备状态的更改,如图 6-5 所示。

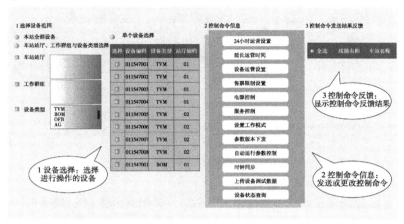

图 6-5　群组控制

六、客流监视

1. 客流监视步骤

点击"运营"→点击"客流监视"(作用:实时监视本站客流数据),如图 6-6 所示。

图 6-6　客流监视

2. 客流历史查询

点击"运营"→点击"客流历史查询"(作用:查询并分析历史客流数据)。
参数设置:设置监视需设置的参数,如统计、刷新时间间隔等。
乘客数据显示区:显示客流走势。

客流数据统计区:显示客流类型、当前客流量及总客流量。

七、运营结束

点击"运营"→点击"运营结束"(图6-7)。

图6-7 运营结束操作

设备状态列表:查询运营状态。

确认所有设备在运营结束状态下,操作车站计算机管理系统运营结束。

提示:末班车后确认所有售票类设备结账作业完成后,票务员在值班站长的指挥下通过车站计算机管理系统关闭车站终端设备,结束本站全天服务,并将打印的相关报表上交值班站长。

八、模式设置

对车站的模式进行更改操作(点击"模式"→点击"模式设置"),如图6-8所示。

图6-8 车站模式设置

(1)车站模式作用:车站计算机管理系统、线路中央计算机系统联网的情况下只能设置本线路、本车站的正常模式和紧急模式;车站计算机管理系统、线路中央计算机系统通信中断的情况下可以设置选择任何路线的任何车站进行模式设置。

(2)模式种类:正常模式、紧急模式、降级模式。相关资源见二维码22。

二维码22

(3)正常运行模式:系统默认模式、可设定模式。

(4)降级运行模式:列车故障运行模式、进站免检运行模式、出站免检运行模式、时间免检运行模式、日期免检运行模式、车费免检运行模式。

当选择"降级运行模式"时,可以对6个子模式进行组合。

组合的规则是日期免检、时间免检、费用免检、进站免检和出站免检互相之间可以任意组合,但是和列车故障是不能任意组合的。选择了列车故障模式后不能再选择其他模式,而选择了日期免检等5个任意模式中的某一种或某几种模式后,不能再选择列车故障模式。

九、收益管理

(1)班次结算。结算本班的售票、充值、票卡等的记录,点击"收益"→点击"班次结算"→输入操作员号码,选择班次,如图6-9所示。

(2)备用金领用、归还作为记账功能,可在交接班时进行领用归还操作(图6-10)。确定操作成功后,操作员领用信息列表会相应增加一条记录。

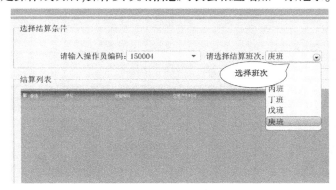

图6-9 班次结算

图6-10 收益管理操作记录

十、报表

常用报表有现金交易统计日报表(按设备)、现金交易统计日报表(按类别、车站进出站量)。点击"报表"→点击"打印报表",如图6-11所示;也可设置成自动打印报表,如图6-12所示。

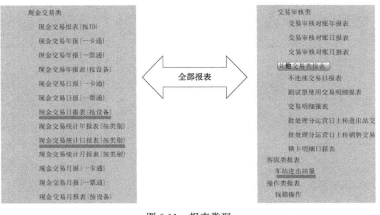

图6-11 报表类型

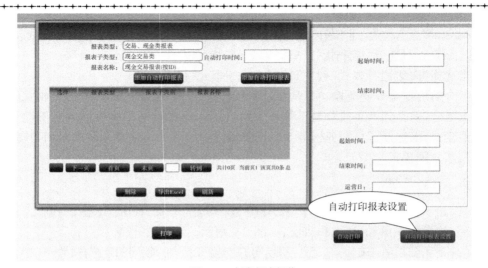

图 6-12 打印报表操作

十一、监视界面常用图标

监视界面常用图标如表 6-2 所示。

监视界面常用图标　　　　表 6-2

设备类型	部件名称	部件状态	设备类型	部件名称	部件状态
自动售票机	关闭服务模式	（红色）	半自动售票机	正常服务模式	（绿色）
	紧急放行模式	（红色）		单机服务模式	（绿色）
	暂停服务模式	（灰色）		暂停服务模式	（灰色）
	受限服务模式	（绿色）		关闭模式	（红色）
	正常服务模式	（绿色）		系统维护模式	（红色）

续上表

设备类型	部件名称	部件状态	设备类型	部件名称	部件状态
自动检票机	正常服务模式	← ↑ → ↓ ↔ ↕ ↑ ↓ → ← （绿色）	查询机	正常服务模式	E （绿色）
	紧急放行	✕ （灰色）		暂停服务模式	E （灰色）
	暂停(含维修)	✕ （灰色）		紧急放行模式	E （灰色）
	关闭	✕ （浅黄色）		关闭服务模式	Eₓ （绿色）
	受限	←✕ ↑ →✕ ↕✕ ↕ ↑✕ ↓ →✕ ←✕ （绿色）			

任务评价

根据以上学习内容，评价自己对本模块内容的掌握程度，在下表相应空格里打"√"。

评价内容	差	合格	良好	优秀
对车站工作站构成、功能及发展现状的掌握程度				
对车站工作站的操作方法、设备监视、群组控制和客流监视等操作流程的掌握程度				
学习中存在的问题或感悟				

任务二　自动查询机操作

相关知识

自动查询机配备可读取乘客所持车票信息的读写器和用于接受乘客输入操作与显示查询结果等信息的触摸显示器，该设备设置于车站站厅的非付费区，如图6-13所示。

一、自动查询机构成

自动查询机由主控单元、乘客显示器、车票读写器及天线、扬声器、乘客感应传感器等部件构成。自动查询机的结构如图 6-14、图 6-15 和表 6-3 所示。

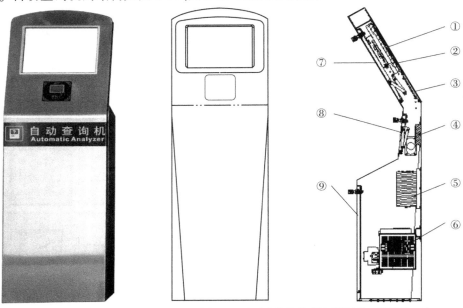

图 6-13　自动查询机　　　　图 6-14　自动查询机外观示意图（①~⑥见表 6-3）

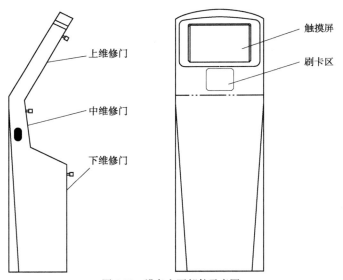

图 6-15　设备主要部件示意图

设备主要部件说明　　　　　　　　　　　　　　　表 6-3

序　号	名　称	序　号	名　称
①	触摸屏	⑥	电源箱
②	显示器	⑦	上维修门
③	天线板	⑧	中维修门
④	读卡器	⑨	下维修门
⑤	工控机		

二、自动查询机功能

自动查询机可实现车票查询、服务信息显示、运营管理、维护管理、数据交换、状态监测及离线工作七种功能。

1. 车票查询

自动查询机能够查询车票内记录的历史交易信息。查询服务可以回溯车票内记录的历史信息,包括票制、购票时间、进站时间、出站时间、进站地点、出站地点、扣费金额、剩余金额和有效期等。

2. 服务信息显示

自动查询机能够显示乘客服务信息,包括自动售检票系统介绍、自动售检票系统使用指南和其他公告信息等。

3. 运营管理

自动查询机能够根据参数或者接受车站计算机管理系统的命令在不同的服务模式下运行,当模式发生改变时,能上传模式改变信息给车站计算机管理系统(SC);能够从车站计算机管理系统接收最新的参数以及软件版本,包括黑名单卡、模式履历表等;能够通过参数在指定时间结束运营,上传本日人数统计数据、设备运行数据,随后关闭操作系统和设备电源。

4. 维护管理

自动查询机能够执行运行维护管理功能,此时显示器同时作为维护接口显示器。维护管理功能包括运行统计信息显示、本地参数设置、数据导入/导出、系统关闭等。

5. 数据交换

自动查询机通过车站网络与车站计算机管理系统相连,上传设备状态等信息,下载设置参数等数据。

6. 状态监测

自动查询机在车站计算机管理系统及线路中央计算机系统的监控下运行,实时、自动向车站计算机管理系统及线路中央计算机系统上传其设备状态、运行模式、报警及故障等信息。

7. 离线工作

自动查询机能在离线状态下工作,即使与车站计算机管理系统之间的通信中断,也能够正常工作。通信恢复后,相应信息自动上传到车站计算机管理系统。

三、自动查询机原理

乘客可通过红外触摸屏利用触摸检测并定位查询内容,如乘客须知、列车时刻表、车站通知等。通过将票卡放置在乘客触摸屏下方的读卡器天线面板上,乘客可查询票卡内详细信息,如乘车旅程信息、消费充值信息等。

四、自动查询机操作界面

自动查询机操作界面如图 6-16 所示。相关资源见二维码 23。

二维码 23

图 6-16 自动查询机操作界面

 任务实施

> **自动查询机的使用**
>
> （1）将一卡通卡往标识上放置后，屏幕上即显示出最近 10 次的用卡记录，包括交易额和余额等。
>
> （2）将地铁储值卡在设备右侧的专用刷卡滑槽内划一下，屏幕上也可显示出最近 10 次的用卡记录，包括交易额和余额等。
>
> （3）在下方的电视屏上用手指轻轻点击，即可得到需要查询的中英文交通信息等；点击"站点票价查询"，再点击"起讫站名"，可得到乘坐的轨道交通线路和票价；点击"车站介绍"，可得到该站附近主要公交换乘站和宾馆等场所信息。相关资源见二维码 24。
>
>
>
> 二维码 24

 任务评价

根据以上学习内容，评价自己对本模块内容的掌握程度，在下表相应空格里打"√"。

评 价 内 容	差	合格	良好	优秀
对自动查询机构成、功能、工作原理等的掌握程度				
对自动查询机使用方法的掌握程度				
学习中存在的问题或感悟				

任务三 手持检票机操作

 相关知识

手持检票机(简称 PCA)由车站工作人员随身携带,是对乘客使用车票进行检票和验查的设备,能读写轨道交通专用票和一卡通卡的数据。便携式检/验票机可在不同的车站与不同区域(付费区/非付费区)之间移动操作。

一、手持检票机构成

手持检票机主要由主控单元、内存、读卡器及天线、显示器、主机、12V 直流电适配器(DC adapter)、电池等部件或模块组成,如图 6-17、图 6-18 所示。

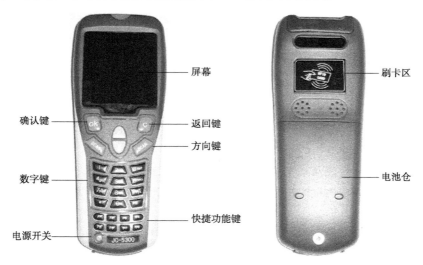

图 6-17 PCA 设备外观及各部件名称-1

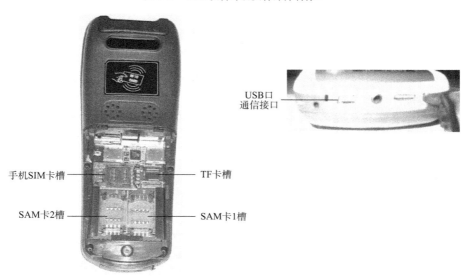

图 6-18 PCA 设备外观及各部件名称-2

二、手持检票机功能

手持检票机作为一种辅助检验票设备,具有便携、可移动的特点,可由车站工作人员手持为乘客提供进站检票、出站检票和在付费区进行验票服务,能够在客流高峰或自动检票系统出现故障时缓解自动检票机的工作压力。便携式检票机可以显示车票的检票和查询结果,可以显示车票上记录的所有交易信息。

三、手持检票机工作程序

在车站监控工作站进行注册领用后方可使用手持检票机。可以对本机进行基本参数设置。将票卡放置在刷卡区,可用手持检票机对票卡进行票卡查询、进站标记、出站扣费等操作;运营结束后可以利用数据线缆与车站监控工作站连接上传本机产生的交易数据、审计数据与日志。相关资源见二维码25。

二维码25

 任务实施

一、模式设置

手持检票机的模式设置分为进站检票、出站检票和查询车票。

注意事项:

(1)手持检票机首次在车站使用时,必须对手持检票机进行初始化注册。

(2)手持检票机在使用过程中,如遇模式改变,需重新连接车站计算机管理系统接收参数。

(3)手持检票机使用后必须在运营结束前逐台注销。

二、手持检票机监票作业

手持检票机进行监票作业时,需按照"一注册、二使用、三注销"的流程进行。

流程为:运营日开机→在工作站下载新参数,使用前与车站计算机管理系统连接注册→正确使用设备为乘客提供进站监票、出站监票和在付费区进行验票查询服务→向车站计算机管理系统传送交易记录,并进行注销→运营日结束对机器进行注销→关机。

注意事项:

(1)当车站参数发生变化时,当前正在使用的手持检票机必须立即停止使用,并连机接收最新的参数设置。

(2)手持检票机接收"模式解除"指令后,若没有新的模式存在,则系统自动回到"正常服务模式"。

(3)如果有未上传的交易记录,手持检票机会提示操作员是否立即上传;操作员可选择立即上传数据,也可以暂时不上传,等新的交易数据产生后一起上传。

 任务评价

根据以上学习内容,评价自己对本模块内容的掌握程度,在下表相应空格里打"√"。

评价内容	差	合格	良好	优秀
对手持检票机构成、功能及原理的掌握程度				
对手持检票机监票作业流程的掌握程度				
学习中存在的问题或感悟				

模块训练

任务训练单

班级：　　　　姓名：　　　　训练时间：

任务训练单	车站工作站及辅助设备的相关作业
任务目标	能进行车站工作站的常用操作，能进行自动查询机的常用操作，并能够进行手持检票机的监票作业
任务训练 任务训练说明：请从下列任务中分别选出车站工作站、自动查询机、手持检票机的一个任务进行训练 车站工作站系统的登录与退出、使用车站工作站进行设备监视、使用车站工作站进行群组控制、使用车站工作站进行客流监视、使用车站工作站进行收益管理 使用自动查询机查询用卡记录 使用手持检票机进行模式设置、使用手持检票机进行监票作业	
任务训练一： （说明：总结作业流程，并在实训室进行实操训练或者上机在模拟软件上完成实操训练）	
任务训练二： （说明：总结作业流程，并在实训室进行实操训练或者上机在模拟软件上完成实操训练）	
任务训练三： （说明：总结作业流程，并在实训室进行实操训练或者上机在模拟软件上完成实操训练）	
任务训练的其他说明或建议：	
指导老师评语：	
任务完成人签字：　　　　　　　　　　　　　　　　　　　日期：　　年　　月　　日 指导老师签字：　　　　　　　　　　　　　　　　　　　　日期：　　年　　月　　日	

模块小结

本模块讲述了车站工作站的相关作业、自动查询机的使用操作及手持检票机的监票作业等内容。要掌握车站工作站的相关作业，必须掌握车站中心设备的构成、功能等。车站计算机管理系统由车站服务器、工作站、网络设备、打印机等部分组成。要掌握自动查询机的使用操作，必须掌握自动查询机的构成、功能等。自动查询机由主控单元、乘客显示器、车票读写器及天线、扬声器、乘客感应传感器等部件构成。自动查询机可实现车票查询、服务信息显示、运营管理、维护管理、数据交换、状态监测及离线工作七种功能。要掌握手持检票机的监票作业，必须掌握手持检票机的构成、功能等。手持检票机主要由主控单元、内存、读卡器及天线、显示器、主机、12V直流电适配器、电池等部件或模块组成。

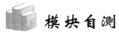 **模块自测**

一、填空题

1. 车站计算机管理系统由_____、_____、_____、打印机等部分组成。

2. 车站服务器为车站自动售检票系统的核心部分,每座车站配备_____台运营服务器,可对本车站内部的所有设备进行实时监控,实现对车站自动售检票系统运营、票务、收益及维修的集中管理功能。

3. 车站网络设备包括_____层交换机和_____层交换机。

4. 车站工作站由_____工作站和_____工作站组成,分别分布在_____和_____。

5. 车站计算机管理系统功能包括_____、_____、_____、_____、_____、_____、_____、_____八个功能。

6. 自动查询机配备有可读取乘客所持车票信息的读写器和用于接受乘客输入操作与显示查询结果等信息的触摸显示器,它设置于车站站厅的_____内。

7. 自动查询机由_____、_____、_____、扬声器、乘客感应传感器等部件构成。

8. 自动查询机可实现_____、_____、_____、_____、_____、_____及_____七种功能。

9. 手持检票机主要由_____、_____、_____、主机、12V 直流电适配器(DC adapter)、电池等部件或模块组成。

二、简答题

1. 简述车站工作站的结构及功能。
2. 简述自动查询机的结构及功能。
3. 简述手持检票机的结构及功能。
4. 说明车站工作站是如何进行设备监视、群组控制及客流监视的。
5. 说明自动查询机的操作方法。
6. 简述手持检票机的检票作业流程。
7. 请您根据本模块所学的知识,上机完成车站工作站、自动查询机、手持检票机的实操练习。

模块七　票务管理

　问题导学

小美去地铁实习,做车站值班员的工作。有一天,她被一位乘客投诉了。这位乘客由于福利票过期了不能进站,小美跟这位乘客解释说,需要帮他换一张新的福利票才能进站。但是这位乘客不听,反而投诉了小美。这让小美觉得十分委屈。

作为一个车站值班员,需要处理的不仅仅是帮乘客买票或充值,还有很多其他的工作,如现金管理、票据与台账管理,还需要跟乘客沟通交流,为乘客提供恰当的解释并用合适的方法处理问题。

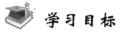

1. 理解票务管理模式,熟悉并掌握票务管理各岗位工作职责;
2. 掌握票务管理工作交接、核对及检查制度;
3. 了解票据及台账的种类,掌握票据及台账管理的基本内容及流程;
4. 掌握自动售检票系统现金日常管理及交接管理的各种方法、流程及注意事项;
5. 掌握备用金管理的方法;
6. 掌握福利票的类型及换发流程;
7. 了解车站票务备品的种类及其简单的使用方法;
8. 了解票务运营模式。

　技能目标

1. 能够在模拟场景中按照各岗位票务作业流程进行标准作业;
2. 能够正确地进行票据与台账管理;
3. 掌握自动售检票系统现金日常管理及现金交接管理;
4. 能够正确处理票务工作过程中遇到的假钞;
5. 能够正确处理乘客福利票换取工作。

任务一　票务管理作业

　相关知识

一、各岗位票务工作职责

参与票务管理作业的工作岗位有站区长、值班站长、车站自动售检票综合作业员、票务员四类,以下详细介绍这四类工作岗位的票务工作职责。相关资源见二维码26。

129

1. 站区长票务工作职责

以国内某市城市轨道交通运营管理为例,站区长票务管理的主要工作职责如下:

(1) 监控值班站长行车、客运和票务工作,总体负责车站的票务管理工作,确保车站的票务工作运作顺畅。

(2) 组织车站行车、客运和票务工作,编制并执行车站行车、票务和客运组织方案。

(3) 每天按规定时间在班前组织中心站内各站值班站长召开接班会。

(4) 负责车站的车票、现金以及票务备品安全。

(5) 监督、检查和指导车站员工的票务工作。

(6) 保管部分备用票务钥匙。

(7) 处理票务紧急情况。

(8) 必要时处理乘客的票务纠纷。

二维码26

2. 值班站长票务工作职责

值班站长的主要票务工作职责如下:

(1) 具体负责本班的车站票务管理工作,确保本班的票务工作运作顺畅。

(2) 具体负责本班的车票、现金和票务备品安全。

(3) 负责安排票务巡查工作。

(4) 负责监控自动售检票系统车站级系统的运作。

(5) 负责补币的监督工作。

(6) 处理票务紧急情况。

(7) 检查、监督和落实本班员工的票务工作。

(8) 必要时,处理与乘客的票务纠纷。

图7-1 值班站长进行例行检查

(9) 保管部分票务钥匙,其中紧急按钮钥匙及钱箱钥匙由值班站长携带保管。

(10) 负责跟踪自动售检票系统设备的运作,并做好记录,如图7-1所示。

(11) 负责定时(每两小时1次)监控自动售检票闭路电视监控系统的运行情况;每次清点钱箱之前须确认自动售检票系统监控仪的工作状态,发现问题应及时做好记录;负责站长室内监控系统的表面清洁工作及设备故障报修、维修跟进工作;负责监控仪录像带的定时更换、保管工作。

3. 车站自动售检票综合作业员票务工作职责

以国内某市城市轨道交通运营管理为例,车站自动售检票综合作业员主要负责车站票务管理工作,包括车站自动售检票系统设备的运营监督、票务类报表统计、配票及钱款等工作。相关资源见二维码27。

二维码27

具体职责如下:

(1) 负责自动售票机钱箱更换、补币、清点以及票箱的补票工作。

(2) 负责车站票款的解行、车站与银行打包返纳的工作。

(3)安排并监督站务员的票务工作,负责给票务员配票、配备用金以及结账工作。

(4)完成相关票务报表、台账的填写(图7-2),负责每月报表的装订和存档。

(5)负责车票和报表的接收、上交等工作。

(6)保管车站票务管理室的车票、现金、报表、单据、票务备品、票务钥匙(图7-3)等,并负责其安全。

图7-2 票务报表、台账填写

(7)处理与乘客相关的票务事宜。

(8)协助值班站长处理票务紧急情况。

(9)负责监控自动售检票系统车站级系统(图7-4)的运行状态。

图7-3 车站钥匙

图7-4 监控自动售检票AFC系统车站级系统

(10)负责监控车站自动售检票系统设备的运行状态,并做好报修及记录工作。

(11)负责在票务紧急情况下设置紧急模式。

(12)保管部分票务钥匙。

4. 票务员工作职责

我国各城市轨道交通系统对票务员的具体岗位描述有所差异,票务员的工作基本上涵盖售票、检票、监票等方面,具体负责车站最基层的票务工作,有些城市轨道交通运营企业将负责这些基层工作的车站人员统称为站务员,也有些城市轨道交通运营企业按车站人员具体担当的工作内容将票务员细分为售票员、售检票员、自动售检票作业员等。相关资源见二维码28。

二维码28

票务员主要工作职责如下:

(1)票务员须严格按票务制度和有关规定出售车票、处理车票,确保票、款、账的安全和准确。

(2) 票务员及时处理乘客的无效票和过期票。

(3) 票务员应按照有关服务要求向乘客提供优质服务。

(4) 票务员工作场景如图 7-5 所示。

图 7-5　票务员工作场景

知识链接

票务员工作注意事项

(1) 当班期间未经许可,不得擅自离岗。

(2) 当班期间必须保证车站售票/问询处(图 7-6)现金、车票、备品以及设备的安全。

图 7-6　车站售票/问询处

(3) 严禁收取乘客拾获、自动售检票系统维修人员或车站员工上交的现金。

(4) 严禁携带私款、私人车票(员工卡和特殊工作卡除外)进入车站售票/问询处。

(5) 当班过程中,当有任何需上级确认的问题,应立即通知相关人员处理。

(6) 车票及现金往返售票/问询处或临时售票/问询处时,必须将现金或车票放入上锁的售票盒中,并放入上锁的小推车中(加封的硬币可直接放入上锁的小推车中),由票务员和另一名工作人员负责安全运送。

票务员班前注意事项

(1) 了解当天工作注意事项和票务通知后,到票务室(点钞室)领票,并预计车票、备用金、报表等数量是否足够。

(2) 首班客车到站前 12min 到售票/问询处,做好开窗准备。

(3) 检查对讲设备、乘客求助按钮能否正常使用。

(4) 检查票务设备、备品的状态、数量(如验钞机、分钞盒、发票等)。

(5) 检查售票/问询处卫生、售票/问询处外栏杆、立柱的摆设。

(6)检查售票/问询处内有无来历不明的现金、车票,如有问题应立即上报值班站长或值班员。

(7)检查、填写"售票/问询处交接班本"。

票务员岗位服务技巧

(1)排队超过5人,必须站立服务,提高兑零、售票速度。

(2)排队超过8人时,请示值班站长增加人手实施双人兑零方案。

(3)在兑零空余时间尽可能把点币盘摆满硬币。

(4)所兑硬币不散放在票务凹斗,而是垒成柱形,使乘客取币方便、快捷,不得有丢、抛的动作。

(5)减少售票/问询处交接班时对乘客服务的影响,如:

①交接班时间安排在车站非高峰期。

②交班前做好有关准备。

③接班人先准备好一盘硬币。

④票务员应事先处理付费区内乘客,并要礼貌地让非付费区的乘客稍等。

票务员补短款的相关规定

(1)车站收到清算中心票务室(点钞室)下发的"票务员短款通知书"后,由客运值班员(或行车值班员)告知当事人。当事人须在7天内将短款上交车站,车站随当日票款解行。

(2)若对"票务员短款通知书"有疑义,在车站收到"票务员短款通知书"后的3日内到清分中心票务部票务室(点钞室)进行复核;若经车站票务室(点钞室)复核,短款金额确定少于"票务员短款通知书"中的金额后,车站票务室(点钞室)在收到"票务员短补款更正通知书"后,通知票务员按"票务员短补款更正通知书"的记录进行补短款。

(3)客运部票务管理主管跟踪车站长短款补交情况,并完成"票务员长短款补交情况表",在短款通知书下发的第8天将该表以电子邮件形式发至车站票务室(点钞室)。

(4)对票务员短款拒不补交的,客运部向人力资源部发"扣款通知书",在该票务员的月度绩效工资中扣发。

某市地铁车站员工工作标准

某市地铁车站员工工作标准如表7-1所示。

某市地铁车站员工工作标准　　　表7-1

序号	标准	内容
1	三高	高素质、高起点、高效率
2	三和	和衷共济、和气生财、和睦共处
3	三严	严密的制度、严格的管理、严谨的作风
4	三力	凝聚力、创新力、文化力
5	三魅力	人格魅力、目标魅力、形象魅力
6	三自	自律、自治、自洁
7	三效益	社会效益、乘客效益、员工效益
8	三勤	勤学习、勤思考、勤总结
9	三不	不迟到、不早退、不缺勤

二、票卡清洗工作内容

城市轨道交通车站中的所有票卡,经过长时间使用都会出现不同程度的污损,尤其是单程票,回收使用的次数越多,污损越严重,票卡上面的污渍细菌等也会给乘客的健康带来威胁。车票都定义了有效期,在运营管理过程中,超过有效期的单程票卡会被全部回收,有效的单程票卡会得到清洗消毒,并再度投入使用。票卡的清洗一般由专门的票卡清洗机(图7-1)完成。

需要进行清洗的票卡包括以下几类:

(1)经过一段时间的使用,回收回来的状态良好的单程票。

(2)经过售票/问询处办理退卡业务的储值票。

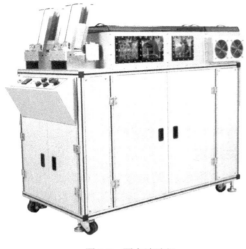

图7-7 票卡清洗机

票卡清洗机(图7-7)由洗涤水槽、漂洗水槽、消毒水槽、出卡装置、烘干箱和收卡装置排列成一线,在墙板立面与安装的滚轮组合和刷轮组合形成一条输送道,每一组合由主动轮和被动轮组成并相切,各水槽前部滚轮组合切点连线露出液面并呈前高后低倾斜;后部滚轮组合切点连线露出液面并呈前低后高倾斜;中部刷轮组合切点连线没于液面以下,呈水平状;票卡被滚轮组合夹持着,一起一伏向前移动,刷轮组合对票卡正反两面刷洗,直至进入烘干箱快速干燥。票卡清洗机清洗效果好,大部分污渍都能被一次清洗掉;清洗效率高,可连续作业,每个通道2200张/h;清洗成本低,每个通道功耗只有1000W。上述输送道可以方便地扩展到两根、四根、六根等,满足洗卡量多的需要。

三、票务检查工作内容

1. 检查人的要求

(1)对车站的票务检查应以不影响车站的正常运作为前提,车站人员应尽量配合接受检查。

(2)检查人需进入现金安全区域时,要得到当班值班站长或以上人员的同意,检查完后应及时将检查情况通知当班值班站长,并请值班站长确认。

(3)检查人如在检查过程中发现严重的违规情况和重大的隐患必须马上向上级报告。

(4)检查人检查时要求对照检查表逐项认真检查、记录,严禁应付了事。

(5)如被检查人拒绝配合检查或拒绝执行改进意见,检查人应主动沟通,必要时应向上级报告。

2. 各类检查内容

(1)售票/问询处检查内容。

①定岗是否按规定交接票、款;交班票务员票盒是否上锁加封;接班人是否用自己的密码登录自动售检票系统设备;交接是否有值班员或以上级别人员到场监控。

②是否按规定发放车票。

③是否执行"一收、二唱、三操作、四找赎"流程。

④充值、发售车票是否让乘客确认显示屏,是否打印小单。

⑤是否有多余车票、是否带私票、私款上岗。
⑥台账、报表填写是否完整、规范。
⑦是否按规定办理乘客事务。
⑧是否按规定办理免费出站票、付费出站票、退票。
⑨非当班员工或本部门人员是否经过值班站长同意才进入票厅,是否有值班员陪同,是否进行登记。
⑩检查备品情况(数量、状态)。
⑪其他(卫生、物品摆放等)。
(2)票务室(点钞室)检查内容。
①票务室(点钞室)是否上锁,非当班票务员进入是否得到当班值班站长或以上人员许可并登记。
②发票存根是否按规定整理加封,票务台账填写情况是否符合规定,报表底单装订情况是否符合规定。
③车票是否破封,开封车票是否双人加封。
④发票、车票是否放在相应的票柜、是否上锁,是否账实相符。
⑤现金是否放在上锁的保险柜内,备用金和票款是否分区存放。
⑥钥匙使用、交接情况是否符合规定,是否有记录,备用钥匙是否加封。
⑦是否按规定结账、交接。
⑧是否存有多余的车票、现金,是否存有非当班员工私章,是否按规定清点钱箱。
⑨备品(数量、状态)是否账实相符,送修物品是否及时记录在相应的台账上。
⑩随意抽检已加封的硬币是否存在加封数与实际数不符的情况。
⑪其他(卫生、物品摆放等)。
(3)日班检查内容。
①厅巡、引导员是否检查闸机退票口,是否及时制止钻闸、跳闸、不投票出站乘客。
②运送车票、现金的手推车是否上锁,是否双人运送(闸机回收单程票除外)。
③更换钱箱是否有客运值班员及一名站务员共同操作。
④非现金、车票安全区域是否有车票、现金遗留。
⑤是否按规定执行边门管理。
⑥是否按规定借用钥匙,是否违规使用员工票。
⑦票务员顶岗、交接班是否按程序进行,客运值班员是否到现场监控。
⑧员工是否未经值班站长同意擅自进出售票/问询处。
⑨票务文件的传达学习情况,是否记录,抽问员工的学习情况。
⑩售票盒是否存在加封交接。
⑪车票、备用金是否账实相符,票务钥匙、工器具是否账实相符。
⑫其他情况。
(4)夜班检查内容。
①售票/问询处、自动售票机、闸机、点票机、单程票回收箱是否遗留车票、现金。
②半自动售票机是否退出、显示屏是否关闭。
③票务室(点钞室)、售票/问询处是否正常、是否关闭。
④售票/问询处钥匙是否加封。

⑤运营结束后,自动售检票系统监控仪是否在监控保险柜的位置。
⑥现金是否放在保险柜,车票是否放在相应的票柜,柜门是否上锁。
⑦是否存有非当班人员私章。
⑧补币、钱箱是否按规定进行更换。
⑨备品情况(数量、状态)。
⑩车票、备用金是否账实相符。
⑪其他(卫生、物品摆放)。

任务实施

一、各岗位票务作业流程

我们把车站各岗位的票务作业流程分为四个过程,运营开始前、运营过程中、交接班作业和运营结束后,如图7-8所示。下面将针对这四个过程分别介绍值班站长、助理值班员、自动售检票综合作业员、售/补票员、监/补票员的票务作业流程。

图7-8 票务作业流程

1. 车站运营开始前各岗位票务作业流程

车站运营开始前各岗位票务作业流程如图7-9所示。

2. 车站运营过程中各岗位票务作业流程

车站运营过程中各岗位票务作业流程如图7-10所示。

3. 车站交接班时各岗位票务作业流程

车站交接班时各岗位票务作业流程如图7-11所示。

4. 车站运营结束后各岗位票务作业流程

车站运营结束后各岗位票务作业流程如图7-12所示。

二、车站交接班工作

交接班是票务员工作的重要环节,必须按照本岗位的交接程序实行对口交接,待核对无误且准备工作就绪后,方可接班。

1. 票务工作交接

1)票务工作交接的内容

票务员应对以下内容进行交接:备用金、IC卡、发票、地铁单程车票报销凭证、单程票、台账、备品等,如表7-2所示。

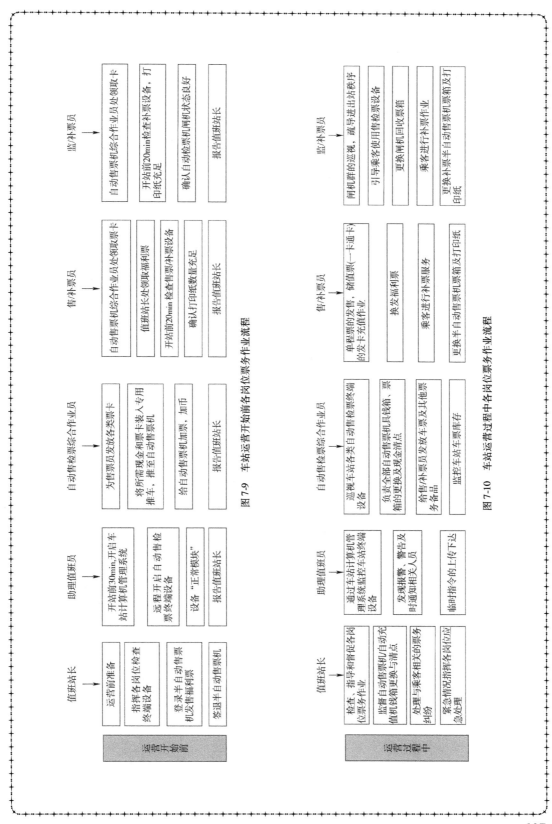

图 7-9 车站运营开始前各岗位票务作业流程

图 7-10 车站运营过程中各岗位票务作业流程

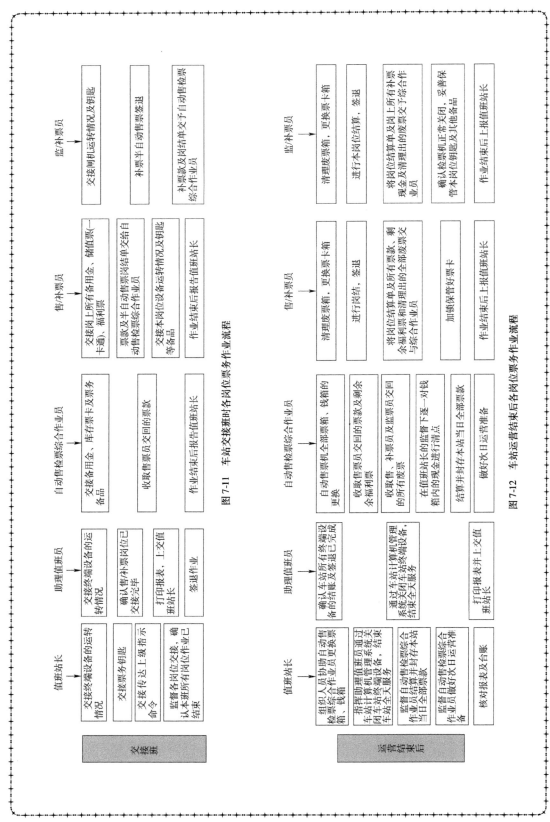

图 7-11 车站交接班时各岗位票务作业流程

图 7-12 车站运营结束后各岗位票务作业流程

交接项目	内 容
备用金的交接	纸币、硬币
IC卡交接	
发票交接	
地铁单程车票报销凭证交接	
单程票交接	
台账交接	一卡通交接登记台账、发票登记台账、备用金及福利票登记台账、每日半自动售票机登记台账
备品交接	便携式喇叭、逃生面具、半自动售票机室钥匙、电梯钥匙、票箱钥匙、应急专用通道钥匙、"地铁运力不足"提示牌、"设备故障"提示牌、验钞机、车站工作票、抢险毛巾、半自动售票机打印机纸、半自动售票机打印机色带

票务交接的内容 表7-2

2)票务交接要求

(1)接班人员应认真听取交班人员的有关说明并主动了解情况,按岗位交接程序实行对口交接办理,双方核对无误后,接班人员签字确认方可接班。

(2)交班人员必须向接班人员说明本班票务遗留问题和设备运转情况,必要时写出文字材料,在确认无误且签认后,方可离岗。

(3)交接班过程中出现问题时,要及时查找原因,未查清前交接班票务员均不得离开半自动售票机室。

(4)各种台账严格执行财务制度及票务管理规定,应填写清楚、准确、无差错。交接时如有问题未处理就进行接班的,责任由接岗票务员承担。

3)票务交接的注意事项

(1)备用金交接:备用金的实际交接金额应与备用金及福利票登记台账相符。

(2)IC卡交接:IC卡的实际清点张数应与一卡通交接登记台账相符。

(3)发票交接:发票的实际数量应与发票登记台账相符。在交接发票时应检查发票的面值、数量及发票起止号。

(4)单程票报销凭证交接:注意清点凭证的数量。

(5)备用单程票交接:注意清点单程票、故障票张数。

(6)各类台账交接:各类台账应在交班时认真填写,不得有漏填、错填等现象,填写完毕后应及时进行签字确认。

(7)岗位备品交接:检查各类备品是否齐全并符合使用要求,发现问题应及时上报值班站长。

2.安全员工作交接

1)安全员交接内容

安全员的交接内容包括便携式手台、安全门-三角钥匙、安全门-101钥匙、安全门-103钥匙、安全门-105钥匙、安全门-301钥匙、广播盒开关钥匙等内容的交接,如表7-3所示。

安全员交接内容 表7-3

交接项目	内　　容	图　　示
便携式手台	用途:用于安全员和综控室、值班站长保持联络	
安全门-三角钥匙	用途:开关端门、应急门、安全门及安全门侧盒时使用	

续上表

交接项目	内 容	图 示
安全门-101钥匙	用途:安全门多个故障时,开关整侧安全门使用	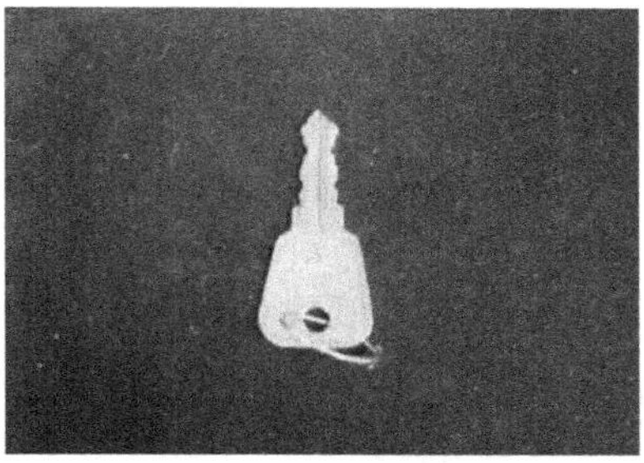
安全门-103钥匙、安全门-105钥匙	用途:安全门多个故障时或整侧安全门故障时,切断整侧安全门信号时使用	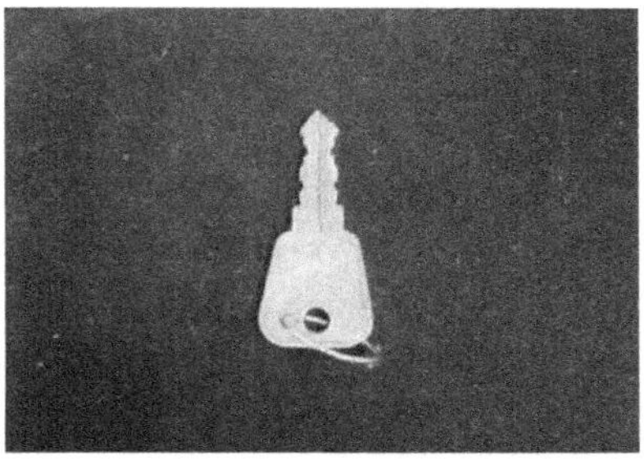
安全门-301钥匙	用途:用于安全门右侧门控单元,开关单个安全门或隔离单个安全门使用	
广播盒开关钥匙	用途:开关站台两侧广播盒时使用	

2)安全员工作交接要求

(1)交班人员必须向接班人员说明安全门运转情况,站台客流情况、灭火器状态,巡视记录以及安全运营情况。

(2)接班人员应认真听取本班人员的有关说明并主动了解情况,核对无误且准备工作就绪后,方可接班。

(3)安全员在交接过程中一定要细致认真,把所需安全门钥匙全部交予接班安全员,不得有遗漏。

3)安全员工作交接注意事项

(1)安全员交接班时应注意检查所有备品的使用情况,检查备品是否处于正常状态。

(2)安全员交接班时应注意检查所有巡视记录的填写情况,不得有漏填、错填现象。

(3)安全员交接班时应主动了解当日安全门的运转情况是否处于正常状态。

三、核对工作

1. 车票的盘点

(1)盘点工作由客运值班员和值班站长双人进行。

(2)每月最后一天运营结束后对站存各票制车票,分票制、票价进行全面盘点。盘点时除清算中心票务部票务室(点钞室)加封、车票配收员与车站人员共同加封、站长与值班站长共同加封的车票不需拆封、按加封数量盘点外,其他车票需清点实际数量。盘点结束后,盘点人员在车站车票库存日报表上记录盘点情况。

(3)若发现车票的实际盘存数量与当天的车站车票库存日报表的本日结存数不符,车站应将账实不一致情况立即上报客运部,客运部应及时组织调查并在5个工作日内将调查情况书面报清算中心票务部。

2. 车站票务室(点钞室)内的车票开封、清点

(1)车票开封、清点。

①所有车票的开封、清点须由当班客运值班员与票务员工双人共同完成。

②开封后,发现车票数量或信息有误,开封人员及时报当班值班站长到车站票务室(点钞室)确认,并在相关台账或交接本上做好记录;车票待核查清楚后方可使用。车站需要用票时可开另一包封口完好的车票。同时车站当班值班站长应立即将情况上报客运部,客运部及时组织调查并在5个工作日内将调查情况书面报清算中心ACC票务部。

(2)运营结束后站存单程票的清点。

车站运营结束后须将每台自动售票机票箱中的单程票、半自动售票机票箱中的单程票及车站回收箱内的单程票全部回收后用点票机清点,该清点数量与车站票务室(点钞室)内存的单程票的数量等都填写在《车站车票库存日报表》中。

(3)点票机故障,车站又无备用点票机时,可到其他车站借用。

四、票务检查工作

(1)车站车票、现金、自动售检票系统设备钥匙的管理情况(包括使用、保管、交接、调配、账实情况等)。

(2)各种票务备品的管理情况(包括使用、保管、交接、调配、报修、账实情况等)。
(3)单程票流失控制措施的执行情况。
(4)设备操作、票务规章、票务操作程序执行情况。
(5)票务知识、票务政策、票务文件学习掌握情况。
(6)节假日大客流情况下车站票务组织情况。
(7)各类台账填写情况。
(8)值班站长、值班员、票务员执行规章情况。
(9)其他票务运作情况。

任务评价

根据以上学习内容,评价自己对本模块内容的掌握程度,在下表相应空格里打"√"。

评价内容	差	合格	良好	优秀
对各岗位票务工作职责的掌握程度				
对票卡清洗工作、票务检查工作内容的掌握程度				
对各岗位票务作业流程的掌握程度				
对车站交接班工作、核对工作、票务检查工作流程的掌握程度				
学习中存在的问题或感悟				

任务二 票据与台账管理

相关知识

地铁运营企业的票务工作纷繁复杂,每天都需要整理当天的票务工作,填写相应的台账报表。票务报表是记录车站现金交接、收益汇总、车票交接、车票发售、车票站存的原始台账,也是作为结算部门对票务员进行收益结算的原始依据,在车站票务工作中起着非常重要的作用。

一、票务台账种类

票务台账有如下种类(表7-4~表7-21):

"IC卡领发登记台账""半自动售票机(BOM)操作员储值卡交接登记台账""发票领用交接台账""站区日营业收入汇总表""车站日交款明细""线路故障单程票统计上交单""单程票库存情况登记簿""票务员发票交接登记簿""自动售票机(TVM)钱箱日清点记录""交接班领票交款结算簿""一卡通回退卡记录""行车值班员交接台账""福利票领用交接台账""补票/加币记录""乘客事务处理记录""行车值班员退卡/备用金领用交接台账""票务员退卡/备用金交接台账""检票员台账"。

IC卡领发登记台账

表 7-4

年		摘要	普通IC卡（张）			纪念卡（张）			IC坏卡（张）		行车值班员签字		票务员签字
月	日	班次	领取	下发	结存	领取	下发	结存	普卡	纪念卡	交班	接班	

半自动售票机（BOM）操作员储值卡交接登记台账

表 7-5

年		备用金	普通IC卡				纪念卡				本班签字	接班签字
月	日	班次	上班结转	领卡	售出	上交坏卡	结转下班	上班结转	领卡	售出	上交坏卡	结转下班	

发票领用交接台账

表7-6

年		摘要	存　根			——元			——元			领取人签字	行车值班员
月	日		领	回收	上交	结存	发	领	回收	上交	结存		

站区日营业收入汇总表

表7-7

年　月　日　站　区事务员：

车站	半自动售票机(BOM)销售明细(元)						自动售票机(TVM)销售明细				单程票小计 10=1+2+7	售卡押金小计 11=3	充值小计 12=4+8	退卡退资小计 13=5	车站票款合计 14=6+9
	单程票 1	补票 2	售卡押金 3	充值金额 4	退卡		合计 6	单程票 7	充值金额 8	合计 9					
					押金	退资 5									
总计															
备注															

车站日交款明细

表 7-8

年　月　日

班次	半自动售票机（BOM）销售明细（元）						自动售票机（TVM）销售明细（元）			交款合计（元）	票务员签字	行车值班员（签字）
	设备编号	发售	补票	售卡押金	充值	退卡		设备编号	单程票	充值			
						押金	退资						
总计													

注：1. 要求操作员在结账水单上签字确认。
2. 每日所有设备的结账水单随此表一并上交。
3. 水单装订要求：按照设备类型分类，按设备编号及顺序整理装订。

线路故障单程票统计上交单

表 7-9

年　月　日

序号	班次	车票编号	外观可辨	进站失败	出站失败	故障现象描述						上交人签字	备注
						半自动售票机（BOM）废票		自动售票机（TVM）废票		自动检票机（AG）废票			
						设备编号	数量	设备编号	数量	设备编号	数量		
1			☐	☐	☐								
2			☐	☐	☐								
3			☐	☐	☐								
4			☐	☐	☐								
5			☐	☐	☐								
6			☐	☐	☐								
7			☐	☐	☐								
8			☐	☐	☐								
9			☐	☐	☐								

注：1. 此表由行车值班员负责保管；凡"外观可辨"的票卡损坏请在"备注"栏注明损坏原因，如"更换票箱误操作""乘客弯折""乱涂乱写"等。
2. 各岗位发现故障票卡后交行车值班员并做好故障票登记，行车值班员每日交款时将本站前一日的全部故障票卡及台账一并上交站区事务员。
3. 各站区事务员每月8日前将本站区的全部故障票卡及台账一并上交营销部。

表 7-10

单程票库存情况登记簿

年		班次	库存增加			库存减少				本日结存	日流失量	行车值班员签字	备注
月	日		自动检票机(AG)回收	领取调入	其他	半自动售票机(BOM)发售	自动售票机(TVM)发售	调出上交	其他				

表 7-11

票务员发票交接登记簿

日期	班次	摘要	___元		___元		___元		___元		票务员签字		值班站长
			起止号	本数	起止号	本数	起止号	本数	起止号	本数	交班	接班	
		—											
		—											
		—											
		—											
		—											
		—											
		—											
		—											

表 7-12
第　　页

自动售票机（TVM）钱箱日清点记录

年　　月　　日

时间	设备编号	水单显示金额（元）			实收金额（元）							差额 11 = 3-10	备注
		售票金额 1	充值金额 2	合计 3 = 1+2	硬币回收箱 4	纸币回收钱箱 5	纸币找零钱箱		废钞箱 8	加币量 9	实收票款 10 = 4+5+6+7+8-9		
							1元 6	5元 7					
合计													

行车值班员：　　　　　　　值班站长：

表 7-13
第　　页

交接班票款交款结算簿

第　　章　签

年		班次	售票交款						上班结转现款	合计金额	结存		站区事务员	本班票务员	接班票务员	接班票务员私携现金
月	日		领票			售票交款					张数	现款 金额				
			起止号	张数	总金额	张数	金额	起止号								

表 7-14
站区： 票务员：

一卡通回退卡记录

____年____月

序 号	上交班次	日退卡张数	退卡金额(元)	累计退卡数量	备 注

表 7-15
第 页

行车值班员交接台账

日 期	班 次	储币柜内现金总计(元)	备用金(元)		票款(元)	交班签字	接班签字	备 注
			硬币金额	纸币金额				
月 日								
月 日								
月 日								
月 日								
月 日								
月 日								
月 日								
月 日								
月 日								
月 日								

福利票领用交接台账

表 7-16
第　　页

日期	班次	领用数量	上班结转	换发数量	剩余数量	交接班签字		行车值班员	值班站长签字	备注
						交班	接班			
月　日										
月　日										
月　日										
月　日										
月　日										
月　日										

补票/加币记录

表 7-17
第　　页

年　　月　　日

操作时间	设备类型	设备编号	硬币补充钱箱		纸币找零钱箱				合计补充金额（元）	票箱	
					1元		5元				
			钱箱编号	加币金额	钱箱编号	加币金额	钱箱编号	加币金额		编号	补票数量

行车值班员：　　　　　　　　　　　　　　　值班站长：

乘客事务处理记录

表 7-18
第　　页

日期		班次	设备编号	事件详情					金额(元)	处理结果	乘客签认		办理人	确认人
月	日			少找零	卡币	卡票	发售无效票	其他			姓名	联系方式		
月	日			□	□	□	□	□						
月	日			□	□	□	□	□						
月	日			□	□	□	□	□						
月	日			□	□	□	□	□						
月	日			□	□	□	□	□						
月	日			□	□	□	□	□						
月	日			□	□	□	□	□						

行车值班员退卡/备用金领用交接台账

表 7-19
第　　页

日期	班次	备用金(元)			回收退卡(张)	上交退卡(张)	全日退卡金额(元)	回收剩余备用金	退卡人员签字	行车值班员签字		票务员签字
		领用	配发	结存						本班	接班	

票务员退卡/备用金交接台账

表 7-20
第　页

日期	班次	申领金额(元)	退卡数量	退卡金额	剩余备用金(元)	票务员签字		备注
						本班	接班	

检票员台账

表 7-21
第　页

站名：

日期		检票员姓名	班次	上岗时间		普票号		终号	下岗时间		值班站长签字
月	日			点	分	大组号	始号		点	分	

二、票务台账填写要求与保管

（1）各种票务台账应由分管人员认真填写、如实记录、按期上报、妥善保管，随时接受票务管理人员对账目的监督、指导、审查。

（2）各种账目、单据的填写需用蓝黑墨水笔，字迹要端正、清楚，项目齐全，改错限用红色墨水笔并盖名章，严禁割、擦、挖、补。

（3）保管期限。

①应付票款账及库存票款账，按年号顺序装订永久存放备查。

②银行交款单和领票单的保存期为1年。

③各种岗位基础台账保存期为2年。

④其他管理台账、报表保存期为1年。

⑤各种台账、单据到期后由相关管理人员进行监销。

任务实施

一、报销凭证管理

（1）报销凭证包括一卡通充值发票和单程票报销凭证。

（2）运营时间内，各车站的票务室（点钞室）应放置报销凭证。

（3）票务室（点钞室）内报销凭证由票务员发放、保管和交接。

注意事项：

（1）各级负责人须掌握库存情况，及时调配，满足生产需要。

（2）必须根据乘客实际购票和充值金额发放报销凭证。

二、台账管理

（1）一核对：做好台账填写准备，核对台账中各项内容的数量。

（2）二填写：准确填写相关台账各项内容。

（3）三确认：交接双方确认实物与台账填记无误后，双方签字。

注意事项：

（1）台账填写应认真细致，不得有明显涂改痕迹。

（2）台账填写的字体大小以占1/2格为标准。

（3）如确定是由于设备原因造成的票款流失，应仔细填写相应台账，避免误填、漏填。

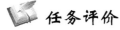
任务评价

根据以上学习内容，评价自己对本模块内容的掌握程度，在下表相应空格里打"√"。

评价内容	差	合格	良好	优秀
对票据与台账管理种类及填写要求的掌握程度				
对票据与台账管理流程的掌握程度				
学习中存在的问题或感悟				

任务三　自动售检票系统现金管理

相关知识

城市轨道交通车站现金来源主要有两类,即备用金和票款。备用金指由上级部门配发给车站,专用于给乘客兑零、找零、自动售票机补币、与银行兑零等用途的周转资金。票款指车站通过自动售票机、半自动售票机或临时售票/问询处人工向乘客发售车票及办理票卡充值、更新等售、补票业务过程中收取的现金。车站具体负责对备用金及票款的安全管理。

一、自动售检票系统现金日常安全管理

车站备用金及票款收入作为城市轨道交通运营企业现金收益的重要部分,其安全管理直接影响到企业收益安全。以保证现金安全为目的,原则上车站现金只能存放于专门的安全管理区域,主要包括票务室(点钞室)、售票/问询处、临时售票/问询处和自动售票机。相关资源见二维码29。

二维码29

(1)车站自动售检票现金必须存放在车站现金安全保管区域,如车站票务室、售票/补票处、自动售票机等,如图7-13所示。

图7-13　车站自动售检票现金存放处

(2)在操作时必须做好现金的安全保护,不进行现金操作时现金必须处于安全锁闭状态。

(3)票务员在售票/补票室进行作业时,应将现金存放于专门的现金抽屉或容器,不得将现金放在乘客可触及的地方。

(4)车站票务室内清点、封包完毕的现金,行车值班员应立即放入储币柜中按规定锁好。

(5)储币柜外门钥匙由值班站长负责交接保管,内门钥匙由行车值班员负责交接保管。

(6)现金需从一个安全区域转移到另一个安全区域或者银行解款时,必须按照公司规定做好途中安全保护,以降低现金被劫的风险。

(7)运营时间内,非当班票务员及本单位票务管理人员进入车站票务室(点钞室)和售票/补票室时,必须经过值班站长批准,并由当班行车值班员或值班站长陪同。

(8)在非运营时间,任何与车站现金清点、保管工作无关的人员不得进入车站自动售检票(AFC)票务室(点钞室)。

(9)车站票务室摄像监控设备必须24h开启,票款的清点、交接、出入柜必须在监控下进行,提取影像资料由公司指定专人负责,未经批准,任何人员无权调取使用和挪动摄像设施。

(10)自动售检票票务室(点钞室)摄像监控设备日常管理由站区负责。

二、自动售检票现金交接管理

自动售检票系统的现金交接主要包括客运值班员间的现金交接及车站与银行之间的票

款交接等。为保证备用金、票款在交接过程中的安全,车站在进行备用金、票款交接时,需建立交接凭证和统计台账,交接人员依据交接凭证办理交接手续并做好书面交接记录;交接时若发现实点金额与交接凭证不符,交接双方需及时核查更正。对于不能及时查明原因的,应按实点金额进行签收,车站在交接记录本上记录相关情况,并将情况立即报告上级组织调查。

车站的票款是车站现金的重要组成部分,应严格执行财务管理规定,严禁坐支票款,票款和备用金要分区管理。

车站票款主要有自动售票机售票收入、自动充值机储值票充值收入、售票/问询处半自动售票机售票和充值收入、临时售票/问询处售票收入等。对于车站的票款收入,要求每日运营结束后进行清点、登记、系统录入、封装和解行。下面主要讲述票款的封装和票款解行方法。

1. 票款封装

车站当日要解行的票款由客运值班员一人在监视仪状态下清点,清点完毕由车站值班站长复核并确认金额后,由值班员填写现金交款单,注明交款金额、企业账户等信息,与票款一起装入尾箱,并由两人共同加封尾箱。

票款汇总后需进行整理和封扎。必须用统一的封包纸袋和布袋按规定封包。每一笔解款单对应一只封包布袋,布袋口必须用绳子双结扎紧,绳结处加贴封口条,封口条加盖两名经办人骑缝章。封口条必须填写日期、站名、金额,金额必须与计数单和解款单金额一致。车站要按规定执行预缴款及封包交接制度,进款要做到收缴正确,账款相符,交接清楚,手续完整。票款的解缴,由银行到各站收取,车站须指定专人做好与银行交接工作,确保现金安全。

2. 票款解行

票款解行是指车站与银行之间的票款交接,即车站将票款收益转入企业在银行的专用账户的过程。票款收入一般要求每日按时解行,不得在车站过夜保管,解行方式由各个城市轨道交通运营企业视情况而定。相关资源见二维码30。

二维码30

二维码31

1)解行方式

根据各个城市轨道交通运营企业的实际情况不同,所采用的票款解行方式也不尽相同,目前城市轨道交通运营企业的票款解行方式主要有直接解行和集中站收款两种。相关资源见二维码31。

(1)直接解行。直接解行是指由车站清点票款,并由车站人员送到银行,银行工作人员与交款人员当面清点票款并当即返还现金送款单的解款方式,这种方式适用于有驻站银行的车站。

(2)集中站收款。集中站收款是指由银行或者专门押运公司到车站收取票款,运送到银行,银行工作人员按规定清点票款后于次日返还现金送款单,最终确认送行金额的解款方式,这种方式适用于距离银行地理位置较远的城市轨道交通车站。此种方式为每天白天运营低峰时段,车站票款在清点封包后,由车站交款员及安保人员送至站区交款点,将票款交予银行工作人员。银行须将解行人员资料在安保部备案,由安保部将资料发至各收款点所在车站,以便核对;如有解行人员变动,银行须提前三日将解行人员变动名单在安保部备案,由安保部通知收款点所在车站;银行解行人员抵达收款点后,须到车站综控室由值班站长核对解行人员身份,办理登记手续,领取收款房间钥匙。各车站应于每日 10:00 前将本日交款人员名单报交款点所在车站,由该站值班站长将名单交收款点保安人员;车站交款人员前往交款点时,须有保安陪同。交款员持证登乘列车驾驶室,在规定时间和地点完成交款;各站交款人员交款时,须与银行解行人员共同核对封包数量、编号以及加封状况,无误后与解行人员办理交接手续;银行解行人员离开时须到车站综控室办理注销手续并交还钥匙。

两种解行方式的优缺点如表 7-22 所示。

直接解行和集中站收款的优缺点 表 7-22

解行方式	直接解行	集中站收款
优点	及时、准确地监控城市轨道交通车站收益票款环节,及时发现解行票款正确与否	具有专门配送机构,提高了运送途中的安全性,减少城市轨道交通车站解行时间
缺点	票款运送途中的安全性不高,解行时间可能会受其他银行客户影响	银行入账凭证会延迟返还,不能及时发现城市轨道交通车站解行票款的问题,需与银行或专门配送公司签订相关协议,甚至需交付一定的费用

2)解行时间

城市轨道交通运营企业应根据车站特点及银行服务时间确定解行时间,以保证车站能将票款尽可能多地存入银行,尽量减少存在车站过夜的票款,降低车站收益保管风险。相关资源见二维码 32。

二维码 32

3. 票款核对

(1)自动售票机在进行结账前一定要先进行"硬币清空"和"更换纸币钱箱",这些工作都做完后再进行"结算处理",结算单打出后将设备设置为"暂停服务",以免结账后再次进行交易,这样会直接影响水单与 ID 的对账准确性。

(2)各站所有设备操作员必须使用自己的 ID 及密码。

(3)各类台账应如实填写,以备出现问题时进行人工账的查询。

(4)各站区上交"站区日营业收入汇总表"时一定要把有问题的设备名称、设备编号(7位)、水单显示、实收金额及 ID 显示写清楚。

(5)自动售票机出现长短款时,车站值班站长及行车值班员应先行核对车站自动售检票备用金数量是否存在误差,确保设备加币量准确无误,排除人为原因导致的票款差异。

4. 现金管理相关规定

"值班员交接班本"是车站客运值班员之间交接班的记录凭证。交接班前,交班客运值班员须详细在"值班员交接班本"上记录反映票务室(点钞室)内所有现金、车票、票务钥匙、工具和器具的数量及状态,并在"交班值班员"栏内签名确认;接班客运值班员对照"值班员交接班本"记录的情况,清点、检查票务室(点钞室)内所有现金、车票、票务钥匙、工具和器具的数量及状态与记录是否相符,确认相符后,在"接班值班员"栏内签名确认。

为确保半自动售票机能如实反映票务员当班期间涉及的现金、非现金操作,形成票务员本班次的后台结算数据,票务员上岗时需使用本人操作员号和密码登录半自动售票机进行操作,严禁使用他人密码进行操作。为确保票务员结账时清点的实收金额能如实反映当班期间的票款收益,除给乘客办理业务收取的现金外,严禁票务员收取乘客拾获、车站其他员工拾获后上交的现金,应通知当班客运值班员按规定收取。为避免票务员将自己的现金、车票与售检票工作中涉及的工作现金、车票混淆,影响实际票款收益结算,票务员在当班期间不得携带个人现金和除员工票以外的车票进入售票/问询处。售票/问询处票务员间进行换岗交接时,为避免现金、车票、设备交接不清,需由交班的票务员先检查并确认收好所有的现金、车票,放入上锁的票盒,退出半自动售票机后,方可安排接班的票务员携带现金、车票进入售票/问询处,并登录半自动售票机。票务员结束本班售票工作后,需立即在半自动售票机上签退,确认退出半自动售票机。携带本班所有现金、车票及各类报表回票务室(点钞室)。按照结账程序的要求与客运值班员结账,并归还售票/问询处门钥匙。票务员在售检票过程中需要严格执行相关的票务规章制度及设备操作规范,根据实际情况如实收取乘客票款,真实反映当班期间的票款收益,不得蓄意侵占公司票款收益或蓄意导致公司票务收益流失。

三、备用金管理

票务室(点钞室)负责城市轨道交通运营企业所辖各站客服中心备用金的统计、申领,车站负责客服中心备用金的管理。票务室(点钞室)将各站首次申请汇总,提交财务部核准,并根据核准金额配发车站。车站客服中心备用金的使用应严格执行财务制度,遵循专款专用的原则。若车站需要对客服中心备用金数额进行调整时,须先向站务经理提出申请,批准后转交票务室(点钞室)汇总,提交财务部核准,并根据核准金额进行调整。

1. 备用金的申领

由于各地硬币及零钞的使用及流通情况不同,备用金的获得途径也不同,如上海、广州的硬币使用流通情况较好,市民广泛使用硬币,但北京、天津等地,硬币在市面上流通较少,市民习惯使用纸币。当前情况下,各城市备用金使用最多的为备用硬币。票务室(点钞室)负责各车站备用硬币数量的测算和兑换工作的协调,车站负责备用硬币的管理。车站须在每周规定时间向票务室(点钞室)提交下周的备用硬币兑换计划。

收益管理员接收到车站上传的"车站备用硬币兑换申请及配发计划单"后,填写"各站备用硬币兑换申请及配发计划汇总表",将车站硬币使用申请通知财务部,如发现申请数量不合理,需与车站协商调整。收益管理员根据财务部确定的硬币实配数量,完成"车站备用硬币兑换申请及配发计划单"的填写,于每周规定时间通知车站。"车站备用硬币兑换申请及配发计划单"左半部分由申请车站负责填写,右半部分由票务室(点钞室)负责填写。在车站硬币兑换计划确定后,票务室(点钞室)将本表单打印存档。

2. 车站硬币库存的安全范围

车站硬币库存的安全范围为车站库存基数到库存基数的80%之间,车站库存基数是指车站维持运营的基本硬币保有量,为本站单日最高硬币用量的3倍。车站发现备用硬币数量接近或低于阈值时,应及时向票务室(点钞室)申请兑换。票务室(点钞室)定期组织车站进行备用硬币盘点。当发现硬币数量损失并在误差允许范围内时,车站应及时向票务室(点钞室)申请补足。当发现硬币损失量超出误差允许范围时,公司成立由站务室、财务部、票务室(点钞室)等相关部门组成的联合调查组,对硬币损失情况进行专项调查并最终得出调查报告,提出整改意见。

3. 车站硬币兑换管理

车站客运值班员[自动售检票综合作业员]在收到银行返还的兑零硬币时,应检查硬币袋上的封签或封捆硬币的扎把带是否完好,同时按封签或封捆硬币的扎把带上的金额在双方的交接登记本上办理交接(应注明交接金额)。若交接时发现封签破损,在不影响车站硬币使用的前提下,车站拒收该硬币,并在双方的交接登记本上注明情况;车站也可当场进行该袋硬币的清点,若出现少币等情况,按实际清点金额入账,同时向银行书面说明情况,差额由银行补还。车站客运值班员收到兑零返还的兑零硬币后,原则上应在24h内与车站票务员在监视仪监视下共同清点。在清点过程中,发现长款、短款或假钞时,客运值班员应保留该批硬币袋上的封签或封捆硬币的扎把带(有名章部分),同时将封签或封捆硬币的扎把带(有名章部分)用信封加封后返还银行。如为长款,将长款硬币加封后返还银行,如为短款(出现机币、假币、外币、少币等情况),由银行补还车站。

车站硬币兑换管理流程如图7-14所示。

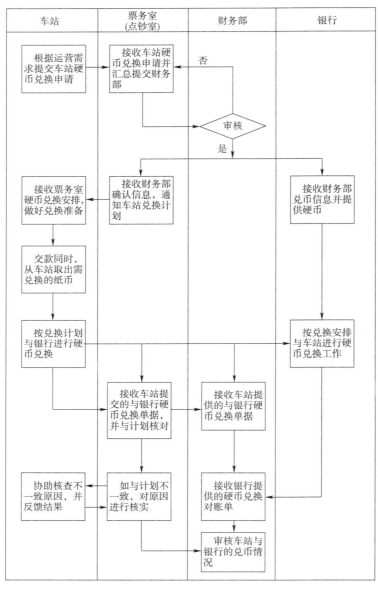

图7-14 车站硬币兑换管理流程

四、假钞管理

在日常票务工作中,难免碰到假币、错款等问题,为了预防此类问题的发生,除了给票务人员配备相应的钞票真伪辨别设备以外,最重要的是提高票务工作人员的整体素质及工作能力,这就要求所有票务工作人员在工作中能够细致谨慎、一丝不苟,正确使用钞票真伪辨别设备,掌握必备的票款收缴、鉴别、计算、找零等技能。

1. 车站客服中心假币、错款处理原则

车站客服中心进行现金交易时,需要使用相关设备辨别钞票真伪,如发现假钞或无法确认真伪的钞票,应予以拒收。结账、缴款过程中发现收到假币时,若假币无法被车站验钞机正常检出,则相应票款损失由公司承担。若假币能够正常检出,则票款损失由相应责任人承担。

一般情况下,当出现错款情况时,人工作业遵循"长款上交、短款自负"的处理原则。若由于设备故障引起差款(如半自动售票机车票批处理过程中应发行单程票 20 张,因设备故障实际只发出 10 张,而设备记录发行 20 张),则相应票款损失由公司承担。银行在票款清点过程中发现所收现金与应收票款存在差款时,相应损失由票款包封人承担。

2. 自动售票机假币、错款处理原则

当设备收到假币时须立即停用,对于自动售票机收取的假币,必须是全过程在监控摄像头下清点,车站须做好相关记录,公司负责承担相应的票款损失,必要时公司将组织调查。

当自动售票机差款额在应收金额的 0.03% 以内时,可由公司承担相应损失。当超出规定范围时,公司成立由财务部、站务室、票务室(点钞室)、设施室等相关部门组成的联合调查组,对事件进行专项调查并提出处理意见。此外,设备所收长款须上交。

3. 假钞管理相关规定

(1)车站相关人员应严格把关,杜绝伪钞流入。

(2)票务员在收取乘客交付的现金时,均需经过人工及设备的识别,如发现假钞,应立即退还乘客,请乘客另换一张。

(3)若遇到设备不能识别且人工无法确认真伪的钞票,票务员也应立即退还乘客,请乘客另换一张。

(4)人工作业收取假钞应遵循"谁收取谁补还"的原则。

(5)对于自动售票机收取的假钞,必须是全过程在监控镜头下清点过,并有监控录像的近景记录。

(6)银行清点票款时发现假钞,由相关票款的封装人负责补足票款。

任务实施

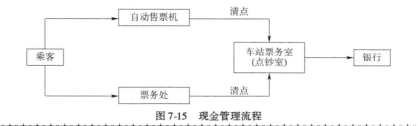

一、自动售检票系统现金日常管理流程

1. 现金管理流程

备用金配发到车站后,主要供车站流通使用。自动售票机及售票/问询处的票款经车站清点后,需及时存入企业在银行的专用账户。现金的管理流程如图 7-15 所示。

图 7-15 现金管理流程

注意事项：
(1) 根据生产运营需要，制定车站备用金库存量。
(2) 严格执行备用金使用规定，不得挪作他用。
(3) 为减少硬币流失，硬币换纸币时要及时将纸币备用金上缴银行，并做好记录。
(4) 根据车站硬币备用金库存量情况，及时上报需求。

2. 票款收缴作业

1) 票款解行操作程序

车站当日需要解行的票款由值班员一人在监视仪监视状态下清点，清点完毕由车站值班站长复核并确认金额后，由值班员填写交款单，注明交款金额、企业交款账户等信息，与加封好的票款一起送交银行，银行在清点完收到的票款并确认无误后，存入指定账户。

当银行在清点车站解行的票款过程中，发现长款、短款或假钞（假钞不计入实际清点金额，发现假钞时按短款处理）时，按实际清点金额入账，并将差错情况反馈给相关车站，车站组织调查处理。车站票款解行的流程如图7-16所示。相关资源见二维码33。

二维码33

图7-16 车站票款解行流程

车站票款解行在编码室监视器下进行。工作人员在结账时要做到正确填写各类报表、解款单、计数单、封口条等。填写过程中要做到字迹清楚、结算准确，不得使用修正液等涂改，必须用画线更正法。

2) 票款的收缴及核对

车站所有的票款结算、封包及票款交接工作都必须在编码室监视器下进行。工作人员在结账时要做到正确填写各类报表、解款单、计数单、封口条等。填写过程中要做到字迹清楚、结算准确，不得使用修正液等涂改，必须用画线更正法。

票款收缴及核对管理流程如图7-17所示。

3) 票款结算

票务员下班后将当天的车票出售、补票收入、公共交通卡售卡和充值等票款情况填写在"票务员票款结算单"上，凭"票务员票款结算单"结交当日票款。车站站长及票款员根据各票务员结账情况和"自动售票机日营收结算单"填写"车站日营收报表"。

车站站长、票款员结账后须将当班现金清点准确，并填写解款单（解款单金额与现金必须一致）封包，银行每日下午收取当日早班与当日中班票款。当班客运值班员除按现金安全管理相关规定做好对售票/问询处、票务室（点钞室）现金的监控和管理工作外，还负责对自动售票机补币和清点钱箱，负责对票务员配票、结账，计算车站每日运营票款收益，并将票款存入银行专用账户并处理与银行沟通兑换零钱等工作。

在采用自动售检票系统的城市轨道交通运营企业，车站票款收益主要来源于两个方面:一是由自动售票机出售车票以及对储值票充值所得的收益,二是由票务员在售票/问询处操作半自动售票机发售、处理车票所得的收益。客运值班员须在每天运营结束后,将所有自动售票机票款收益和票务员票款收益进行清点规整,计算每日运营总收入,并将其存入城市轨道交通运营企业在银行的专用账户。

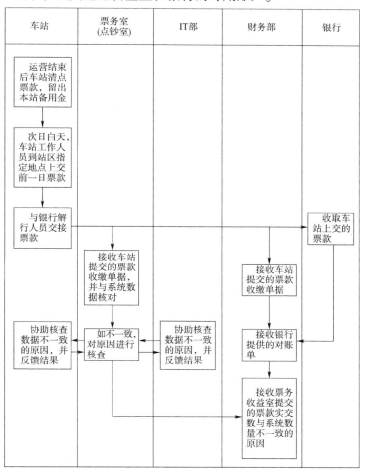

图 7-17 票款收缴及核对管理流程

（1）自动售票机收益结算管理。

每天运营开始前,车站客运值班员需将一定金额的硬币补充到自动售票机储币箱内,用于给购票乘客购票时提供找零,乘客投入的购票纸币或硬币则通过相应的处理模块存入自动售票机的纸币钱箱和硬币钱箱。

每天运营结束后,客运值班员需对车站所有自动售票机进行结账操作,更换自动售票机内纸币、硬币钱箱,并回收到票务室(点钞室)进行清点。

（2）票务处收益结算管理。

客运值班员(或自动售检票综合作业员)对票务员票款收益的管理主要通过给票务员配票和结账来实现。配票指客运值班员为票务员配备各种车票、备用金的过程。客运值班员需在票务员到岗前配置一定数量的车票、备用金,填写票务员结算单,并签名确认,放置到专用售票盒内,待票务员到票务室(点钞室)后,监控票务员进行清点,确认所配的各类车票、现金数量与票务员结算单上记录的开窗张数、备用金数量一致后,监督票务员在票务员结算单上签收确认。

结账是指客运值班员在票务员售票结束后,在票务室(点钞室)监视系统下对票务员在票务处售检票工作中实际收取乘客的现金票款、回收的车票进行清点并记录在相关报表和台账中的过程。因报表中记录的实收票款金额将作为结算票务员实收金额与应收金额,确定票务员有无长、短款的唯一依据,因此,客运值班员在与票务员结账时,必须按照相关规定完成,确保报表记录的实收票款金额能如实反映票务员当班期间实际票款收入。

客运值班员结账的具体程序为:票务员售票结束后,需立即携带本班所有现金、车票回票务室(点钞室),离开票务处前,需全面检查票务处有无遗留车票、现金。在运送本班所有现金、车票从票务处回票务室(点钞室)的过程中,须将车票、现金放在上锁的售票盒中,确保运送途中无遗失。结账过程须在票务室(点钞室)监视区域进行,首先由票务员清点所有现金,确认总金额后,再由客运值班员进行清点,达到双人清点、共同确认的目的。双人确认实收总金额后,在监视区域填写票务员结算单的实收总金额栏,因实收总金额栏记录直接影响到票务员结算情况,所以原则上不得更改,当发生填写错误或其他原因需更改实收总金额栏时,当事票务员、客运值班员须报当班值班站长,由当班值班站长调查核实后才能更改,并由值班站长、客运值班员、票务员三方共同盖章确认。客运值班员与票务员共同清点确认回收的各类车票数量,并填写到票务员结算单关窗张数栏。最后由票务员完成其他辅助类报表的填写,交客运值班员,客运值班员需检查票务员当班的所有报表是否全部交回且填写正确、完整,是否完成结账程序。相关资源见二维码34。

二维码34

客运值班员每天需根据"钱箱清点报告""票务员结算单"等计算当日自动售票机票款收益及票务员票务处票款收益,填写"车站营收日报",记录车站每日的运营收入情况,并按"车站营收日报"的数据将所有票款存入企业在银行的专用账户。

4)票款结算对账方法

(1)水单与实收现金的核对。

①站区事务员应明确本站区各车站当日投入使用的半自动售票机和自动售票机数量,用设备水单与"车站日交款明细"核对(为了对账方便,各车站须将水单顺序放好再装订,水单包括自动售票机结账单据、硬币钱箱更换单据、纸币钱箱更换单据、半自动售票机结账单据)。

②逐台设备进行水单与实收票款的核对工作。

③自动售票机实收票款计算公式:

硬币回收个数 + 纸币金额 - 补充硬币数量 = 交易金额 + 充值金额

④半自动售票机票款收益按水单金额进行收款。

⑤自动售票机如有差异,核对相关台账,查看实收金额与水单差额,车站应在"车站日交款明细"上注明差额原因,填写差额原因说明,非人为原因按实收现金交款;站区事务员在核对后将差额原因在"站区日营业收入汇总表"上注明,并将存在误差水单、差额说明复印件传至公司相关部门。

(2)水单与车站计算机管理系统报表的核对。

将车站计算机管理系统报表("按交易类别统计日报"或"现金交易日报")与设备水单逐一进行核对。

5)票款差异处理

(1)站区按照票款收缴管理办法,负责完成票款收缴工作,确保票款的安全完整。

(2)半自动售票机遵守当班结清、短款自付、长款上交的原则;自动售票机遵守当日实收款全额上交原则。

(3)因设备故障引起的短款,由公司补齐。

(4)由分公司认定的非设备原因引起的短款,由站区在月末集中补齐。

3. 票卡管理流程

(1)票卡不足或盈余,及时申请来调配。

(2)设备售票不足时,立即更换满票箱。

(3)闸机票箱将满时,立即更换空票箱。

(4)箱二盒三锁柜中,切勿零散摆箱外。

(5)信息不足及时补,故障票卡及时交。相关资源见二维码35。

二维码35

注意事项:

(1)车站行车值班员、值班站长须掌握本站单程票安全阈值范围,及时调配票卡,保证运营生产需要。

(2)单程票存放时,切勿单张散放在室内。为防止因重压造成票卡芯片损坏、缩短票卡生命周期,要求库存票卡以"箱"作为包装单位时应保证垂直叠放数量不超过2箱,以"盒"作为包装单位时应保证垂直叠放数量不超过3盒。

(3)故障票上交前,检查外观及卡内信息,将符合使用条件的重新投入使用。

二、自动售检票系统现金交接管理流程

1. 客运值班员间的现金交接

车站客运值班员间的现金交接主要是指各班客运值班员在交接班过程中对车站备用金、票款的交接。交接账实是否相符直接反映车站备用金、票款收益安全情况及客运值班员差额补交情况。因此,客运值班员交接过程必须严格按照现金交接管理规定执行。

交接前,交班客运值班员需根据相关原始报表记录核算交接时的票款收入金额及备用金金额,并记录在"值班员交接班本"和"车站营收日报"上,作为交接凭证;接班客运值班员须核算"值班员交接班本"和"车站营收日报"上记录准确,然后实际清点交接的票款、备用金,确保与"值班员交接班本"和"车站营收日报"上记录的一致,随后在客运"值班员交接班本"上签名确认。

交班过程中,客运值班员如果发现实点金额与"值班员交接班本"和"车站营收日报"不一致,若实点金额比报表金额小,则由交班人员补交相应差额,交接双方在交接台账和"车站营收日报"上做好记录说明;若实点金额比报表金额大,则将多出金额作为其他票款,由接班人员计入营收,交接双方在交接台账和"车站营收日报"上做好记录,并对账实不一致情况立即组织调查。为避免客运值班员在交接过程中私自带走交接长款,侵占公司票款收益,车站客运值班员交接过程需在票务室(点钞室)监视区域进行,且由值班站长

在现场监视,对交接中出现的长、短款情况,监视交接的值班站长需在交接台账和"车站营收日报"上做好记录说明。

2. 车站与银行之间的票款交接

车站与银行之间的票款交接主要指车站将票款收益存入公司在银行的专用账户的过程,通常称为票款解行。解行操作时要求城市轨道交通运营企业根据车站特点及银行的服务时间确定解行时间,以保证车站能将票款尽可能多地存入银行,尽量减少留存在车站过夜的票款,降低车站收益保管风险。

三、假钞的处理流程

1. 鉴别真假人民币的传统做法

除了使用钞票真伪辨别设备来鉴别钞票的真伪外,为了以防万一,票务人员应当掌握鉴别真假人民币的传统四步骤:

(1)"一看"。看钞票的水印是否清晰,有无层次感和立体效果,看安全线(假币常在纸张中夹入一条银白色塑料线,有时两头会露出来剪齐的断头)。

(2)"二摸"。用手指反复触摸币面主要图景及"中国人民银行"字样,真币有凹凸感,假币则无。

(3)"三听"。钞票纸张是特殊纸张,挺括耐折,用手抖动会发出清脆的声音。

(4)"四测"。用紫光灯检测无色荧光图纹,用磁性仪检测磁性印记,用放大镜检测图案印刷的接线技术及底纹线条。

2. 收到假币的处理

(1)收到可能是假币的人民币,请乘客换一张。

(2)乘客执意不换的,将其币种、编号抄录下来,请乘客确认、签字,并留下身份证上的地址、号码以及联系电话。

(3)向乘客说明此币明日会交银行鉴别;如是假币,乘客必须前来付票款;如不是,我们会上门道歉并找零。

知识链接

假钞处理注意事项

(1)严格遵守并履行公司票务管理规定。

(2)车站自动售检票票务室(点钞室)必须随时开启摄像监控系统和技防设施。

(3)在上交票款及填写台账过程中,一定要仔细对照设备水单,填写过程中要细心,以免漏填、误填。

四、自动售检票系统现金管理的常见问题

1. 自动售检票票务室(点钞室)技防设施未开启

原因分析:设备故障或未按规定操作。

处理方法:发现后立即报修或开启设备。

注意事项:严格执行公司有关规定,避免造成严重后果。

2. 自动售票机设备找零出现非硬币

故障现象：某日某站值班站长接到票务员汇报，一名乘客在自动售票机购票时，设备找零中发现一枚游戏币。

原因分析：设备故障。

处理过程：值班站长立刻赶到现场，经验证后，证明此枚游戏币投入该站任何自动售票机后，自动售票机均显示"已投入1元"，而后，值班站长退还乘客1元钱，并迅速通知维修人员到达现场，再次进行试验，结果与第一次试验结果一致，并于当天运营结束后，在清点硬币过程中，在另一设备中也发现一枚游戏币。

注意事项：遇此类问题，适时停止使用该设备，及时通知工作人员。

处理结果：未因设备故障造成更多的票款损失。最终游戏币被维修单位带回，进行进一步的设备测试。

任务评价

根据以上学习内容，评价自己对本模块内容的掌握程度，在下表相应空格里打"√"。

评价内容	差	合格	良好	优秀
对自动售检票系统现金日常管理流程的掌握程度				
对自动售检票系统现金交接管理流程的掌握程度				
对假钞处理流程的掌握程度				
对自动售检票系统现金管理常见问题处理的掌握程度				
学习中存在的问题或感悟				

任务四　福利票换发管理

相关知识

福利票是城市轨道交通运营企业免费给持有有效证件的相关人员发放的免费乘车的票卡，如北京、广州、上海等城市的城市轨道交通运营企业都发放了各种福利票，极大地方便了老人、残疾人等的交通出行。

一、福利票的换发方法

需要申领福利票的乘客，可持有效证件在车站售票处免费领取福利票卡一张。福利票仅限当日在换领站本人、单次进站使用，需要申请人本人亲自领取，不得代领。使用福利票卡的乘客应当配合地铁工作人员对票卡核对检查。乘客进站时使用福利票卡轻触进站闸机读卡区，闸机发出"嘀"声，黄色灯亮，提示刷卡成功，闸门开启，乘客可进站。此外，持有残疾人证的盲人乘客可以有一名陪同人员免票乘车。

二、可换发福利票的证件

目前，我国有多类人群乘坐城市轨道交通可享受免票政策，以北京地铁为例，相关人员可凭借多种证件换发福利票，如中华人民共和国老干部离休荣誉证、中国人民解放军干部离休荣誉证、中华人民共和国残疾军人证、中华人民共和国伤残人民警察证、中国人民解放军士兵证、中国人民武装警察部队士兵证、中华人民共和国残疾人证等,如表 7-23 所示。

可以换发福利票的证件 表 7-23

证 件	图 示	证 件	图 示
中华人民共和国老干部离休荣誉证(红色)		中国人民解放军离休干部荣誉证(红色)	
中华人民共和国残疾军人证(红色)		中华人民共和国伤残人民警察证(深蓝色)	
中国人民解放军士兵证(深绿色)		中国人民武装警察部队士兵证(红色)	
中华人民共和国残疾人证(红色)			

任务实施

票务员在处理福利票换发时通常会遇到乘客不理解或者福利票过期的情况,下文将结合常见案例对这种情况的处理方法进行讲解。

一、乘客换取福利票

事件概况:乘客在换取福利票过程中对票务员服务流程产生疑问,票务员解释工作不到位导致乘客投诉。

事件处理经验教训:

(1)当遇乘客提出不合理需求时应坚持原则,拿出相关规定,并耐心做好解释工作。

(2)若乘客情绪激动,现场情况难以控制或事情严重无法处理时,应立刻通知值班站长到现场解决。

(3)面对乘客的质疑及询问,车站员工应保持冷静,不可为避免投诉而盲目答应乘客要求或擅自进行违规处置。

注意事项:

(1)工作人员平时应加强自身岗位业务知识的学习,且在公司各级组织的业务学习中做到认真仔细,保证学习效果。

(2)若乘客情绪过于激动,应尽量平稳住乘客情绪,必要时可将乘客引领到车站监控范围内,防止意外情况的发生。

(3)遇乘客提出不合理需求时,不可为避免投诉而盲目答应乘客的不合理要求或擅自进行违规处置。

(4)车站应保证各项规章制度及各类规定齐全,且得到有序保管。

(5)在事后进行调查时,当事人应配合调查,实事求是,不要因怕承担责任避重就轻或掩盖事实,以免事实不清,对解决问题产生影响。

(6)售票室应按照规定摆放物品,将各类车票分类摆放,对于应进行处理的单程票及时进行相应处理,各类备品应摆放整齐、有序,按规定定制定位。

二、福利票过期

事件简述:乘客使用过期福利票未能进站,要求工作人员做出解释而遭到冷遇。

原因分析:

(1)本案例中服务用语不规范,未能按照公司服务规范中所要求的为乘客提供热心帮助。工作人员推诿、不理睬、拒绝回答乘客问询,体现出主动服务意识欠缺。

(2)在重新换发福利票的过程中,乘客提出疑问时工作人员未向乘客做好福利票换发相关规定的解释工作,未树立良好的服务形象,处理不当,从而引发乘客不满。

优化解决方案:

(1)首先乘客所持福利票非当日福利票,票务员应对乘客所持证件进行检验,若确为有效证件,重新发放一张本站福利票,在乘客刷卡进站前,收回原福利票。不能出示有效免费乘车证件的,则通过半自动售票机发售一张付费单程票,收回原福利票。

(2)解答乘客问询时应按照"一倾听、二解答、三道别"的程序办理,要耐心专注、态度诚恳地倾听乘客的疑问。

（3）执行首问负责制，为特殊乘客群提供服务时，更要体现出热情与关心，回答乘客问询后，要礼貌与乘客道别。

预防措施：

（1）加强检票力度。发放给乘客福利票后，应积极主动引导特殊乘客使用车票、协助乘客通过进站闸机，避免福利票流失，控制单程票的流失量。

（2）作为一名工作人员要有强烈的责任心。在为乘客服务过程中，若遇到乘客不理解的情况，应该耐心听取乘客讲述，等乘客讲述完，再向乘客做解释。要保持良好的服务形象，执行相关服务礼仪标准，避免造成服务纠纷。

专家建议：

冷漠是对他人和周围事物的冷淡和漠不关心，服务工作中乘客对票务员敷衍态度的投诉大多是因此而产生，明明应该多说几句话才能解释清楚，却惜言如金，语言简单生硬，使乘客得不到答案，这对于让乘客满意来说无疑是一个障碍，因此，语言是与乘客有效沟通的关键因素。

  任务评价

根据以上学习内容，评价自己对本模块内容的掌握程度，在下表相应空格里打"√"。

评价内容	差	合格	良好	优秀
对福利票换发方法及福利票换发证件的掌握程度				
对福利票换发流程及福利票异常情况处理方法的掌握程度				
学习中存在的问题或感悟				

任务五　票务运营模式

  相关知识

一、票务运营模式概述

票务运营模式包括正常运营模式、降级运营模式。正常运营模式由系统默认。降级运营模式包括车费免检模式、进出站次序免检模式、时间免检模式、日期免检模式等。降级模式信息由线路中心计算机管理系统上传清算中心，由清算中心进行设定，并下发到全系统。紧急模式由车站计算机管理系统或消防报警系统启用。紧急模式信息上传线路中心计算机管理系统，线路中心计算机管理系统上传到清算中心，由清算中心下载到全系统。其他车站终端设备依据系统指令启用相应的模式，系统具备模式扩展能力。

运营模式管理就是针对不同的运营状况、条件所做出的相应操作行为的选择和实施，包括正常运营模式、降级运营模式以及相配套的运营管理。

1. 正常运营模式

正常运营模式为系统默认模式，该模式处理正常状态下的售补票及乘客进出站。乘客持票进站,进闸机检验车票有效后,放行乘客;无效时阻挡乘客,并显示相关信息,引导乘客进行下一步操作。乘客持票出站,出站闸机检验车票有效时,放行乘客;无效时阻挡乘客,并显示相关信息,引导乘客进行下一步操作。

通常情况下,自动售检票系统在正常运营模式下自动运行。正常运营模式主要包括正常服务状态、关闭状态、暂停服务状态、设备故障状态、测试(维修)状态及离线运行状态等。

1)正常服务状态、关闭状态、暂停服务状态

在每日运营开始时,自动售检票系统可根据时间表设置,自动将各车站终端设备设置为正常服务状态;每日运营结束时,系统也同样按顺序关闭终端设备,将其设置为关闭状态。同样,运营操作人员可以通过车站计算机系统,将车站终端设备设置为正常服务状态或关闭状态。

当设备出现钱箱满、票箱满、票箱空或设备门被非法打开等情况时,系统会自动进入暂停服务状态,在此状态下终端设备不会对车票作出任何处理。

2)设备故障状态

在自动售检票终端发生故障时,设备将自动进入设备故障状态,并自动向车站上一级报告(如终端设备在故障时会向车站计算机报告故障信息,车站计算机在故障时会向中央计算机报告故障信息);故障消除后,设备在自动向上一级系统报告后自动进入正常服务模式或关闭模式。车站计算机和中央计算机系统会保存相关的故障和维护信息并形成相应的报表。

3)测试(维修)状态

通过本地控制,车站维护人员应将车站终端设备设置为维修状态,对终端设备进行测试及维护。在维修状态下,车站终端设备不能进行车票及现金的处理,但在特定命令下可以测试车票。车站终端设备的乘客显示屏或状态显示器会显示"暂停服务"及相关的维修信息。

维修人员及管理人员经登录后才能进入维修状态。通过维修界面输入命令,对主要的部件和模块进行测试。

4)离线运行状态

车站设备应能在本机上保存相关的参数设置,并由车站计算机系统定期更新。当车站终端设备与车站计算机之间、车站计算机和中央计算机之间、中央计算机模块之间的网络通信中断或无网络连接时,设备可在离线状态下运行。

 知识链接

离线状态信息储存情况

在离线状态下运行时,车站终端设备应能保存不少于7d的运行数据(包括交易数据、寄存器数据、设备运行状态信息等);车站计算机能保存不少于30d的业务数据;线路层计算机能保存不少于6个月的业务数据等。当网络恢复正常时,可自动检测未上传/下载的信息数据,并自动上传/下载相关数据。

2.降级运营模式

降级是指针对不同的运营状况、条件所做出的相应操作行为的选择和实施。一般包括运营故障模式、进出站次序免检模式、时间免检模式、日期免检模式、超程免检模式、紧急放行模式及其他模式等。相关资源见二维码36。

二维码36

1)运营故障模式

当列车出现运营故障而使部分车站暂时中止运营服务时,暂停服务的车站需根据相关规定通过中央计算机系统、车站计算机系统将车站终端设备设置为"运营故障模式",并由值班站长在车站计算机上进行相关设置。

2)进出站免检模式

在车站的进站闸机全部故障无法立即修复,或由于车站出现突发大客流、进站闸机能力不足、大量乘客在非付费区聚集并等候进站的情况下,可以允许乘客不通过进站闸机进入付费区。为方便此部分乘客能正常离开车站,值班站长需要在车站计算机上设置"进出站免检模式",允许乘客使用一张未编进站信息的车票走出闸机,如表7-24所示。

进出站免检模式 表7-24

车票制类	进站免检	出站免检
回收票	不检票进站,出站正常使用	出站不检票,车票不可再次使用
非回收票		出站不检票,下次乘车进站时补扣上次车费,本次继续使用

在进出站免检模式下,当对某个车站的车票实行免检时,对于所有未编上进站信息的储值票,系统均认为它是由指定车站进站的车票,出站闸机将自动扣除相应的费用,而单程票则检查购票车站,如果是指定车站,则不检查进出站次序并回收(但票值必须相符,否则也要补交相应的费用)。当对所有车站的车票实行免检时,对所有车站都不检查进出站次序,储值票将被扣除最短程车费,单程票将被收回并不检查票值。

进站免检模式时的显示如表7-25所示。

进站免检模式时的显示 表7-25

待 机 时					
进站侧（PID）	进站侧（Enddisplay）	进站侧顶棚显示器	出站侧（PID）	出站侧（Enddisplay）	出站侧顶棚显示器
谢谢（Thank you）	↙	↑	请刷卡或投入车票（Please swipe or insert ticket）	↙	↑

出站免检模式时的显示如表7-26所示。

出站免检模式时的显示 表7-26

待 机 时					
进站侧（PID）	进站侧（Enddisplay）	进站侧顶棚显示器	出站侧（PID）	出站侧（Enddisplay）	出站侧顶棚显示器
欢迎光临（Welcome）	↙	↑	↑谢谢（Thank you）	↙	↑

3)时间免检模式

系统采用计程、计时票制时,因城市轨道交通自身原因,乘客乘车时间及在站停留时间超过规定时限,系统指令启用"时间免检模式",不检验车票时间信息,但仍检查车票的票值,车票按正常方式扣款。

时间免检模式时的显示如表7-27所示。

时间免检模式时的显示　　　　　表7-27

待　机　时					
进站侧 （PID）	进站侧 （Enddisplay）	进站侧 顶棚显示器	出站侧 （PID）	出站侧 （Enddisplay）	出站侧 顶棚显示器
欢迎光临 （Welcome）	↙	↑	请刷卡或 投入车票 （Please swipe or insert ticket）	↙	↑

4)车票日期免检模式

因轨道交通自身原因造成车票过期或特殊需要,系统指令启用"日期免检模式",不检验车票日期信息,允许过期车票在一段时间内正常使用。但是仍要检查车票的其他信息,如进站码、车票票值、时间等信息,所有车票按正常票价扣费。

日期免检模式时的显示如表7-28所示。

日期免检模式时的显示　　　　　表7-28

待　机　时					
进站侧 （PID）	进站侧 （Enddisplay）	进站侧 顶棚显示器	出站侧 （PID）	出站侧 （Enddisplay）	出站侧 顶棚显示器
欢迎光临 （Welcome）	↙	↑	请刷卡或 投入车票 （Please swipe or insert ticket）	↙	↑

5)超程免检模式

由于某个车站因为事故或者故障而关闭,导致列车越过该站后才停车("跳停"),可根据相关规定设置超程免检模式。

设置此模式的出站检票机不检查车票的余值,但是仍要检查车票的其他信息,如进站码、日期、时间等信息,储值票扣最低票价,乘次票扣一个乘车车次,单程票回收。

知识链接

列车"跳停"后的处理

(1)当列车越站时,控制中心行车调度员应及时通知列车越站后运行前方的第一个车站。车站接到控制中心行车调度员的通知后,安排车站员工引导乘客出站。

(2)对越站列车上受影响的乘客应进行如下处理。

①单程票超程:回收车票并记入当天站存车票,引导乘客从边门出站。

②储值票、一卡通卡超程:对车票进行免费超程更新,填写乘客事务处理单,记为负差额,乘客从闸机出站。

③在付费区持票乘客强烈要求退票时,值班站长及以上级别员工确认车票与当天发生特殊情况的时间相符,单程票按车票实际票价即时退票,填写"乘客事务处理单",记为负差额;储值票则转到非付费区模式下免费更新后给乘客发放免费出站票出站,填写乘客事务处理单,记为负差额。

④除以上情况外的其他车票应按规定办理。

6)紧急放行模式

当车站或设施发生紧急情况并危及乘客人身安全时,要设置紧急放行模式。设置该模式的要求如下。

(1)决策人:车站客运值班员(行车值班员)及以上人员。

(2)设置地点:出现紧急情况的车站。

(3)设置方法:通过车站计算机管理系统或站控室的紧急按钮设置该模式。

(4)取消方法:通过车站计算机管理系统取消该模式或确认紧急按钮复位。

设置此模式时,半自动售票机可正常运作,但操作员显示屏上显示紧急状态的信息,自动售票机处于暂停服务状态,检票机都处于"常开"状态,保证乘客无阻碍离开付费区。另外,所有检票机不对车票进行写处理,如有车票放于读卡器上,不对车票进行写操作,不回收城市轨道交通专用票。回收票一段时期内可按规定再次使用;非回收票下次进站时补齐出站记录,不收取上次乘车费用。

列车故障模式时的显示如表 7-29 所示。

列车故障模式时的显示　　　　　　　表 7-29

待 机 时					
进站侧 (PID)	进站侧 (Enddisplay)	进站侧 顶棚显示器	出站侧 (PID)	出站侧 (Enddisplay)	出站侧 顶棚显示器
✕ 暂停服务 (Not in use)	✕	✕	请刷卡或 投入车票 (Please swipe or insert ticket)	✓	↑

7)车费免检模式

当出现地铁车辆、设备故障或其他不可预见原因,部分车站暂时中止运营服务,某一方向已购票乘客无法到达目的地或行程超出目的地站时,自动售检票系统将被设置为"车费免检模式"。被设置"车费免检模式"的车站,出站闸机将不对相应方向车票数据进行检验。

车费免检模式时的显示如表 7-30 所示。

车费免检模式时的显示 表7-30

待 机 时					
进站侧（PID）	进站侧（Enddisplay）	进站侧顶棚显示器	出站侧（PID）	出站侧（Enddisplay）	出站侧顶棚显示器
欢迎光临（Welcome）	↗	↑	请刷卡或投入车票（Please swipe or insert ticket）	↗	↑

8）其他模式

随着运营实践和业务的增加与拓展，为保证日后的需求，系统预留模式增加空间，便于系统模式升级。

除上述七种模式之外，有时候会出现模式组合，具体如下：

（1）超程免检模式＋时间免检模式（相互独立运作，出站检票机扣费方式按照超程免检下的扣费方式处理）。

（2）超程免检模式＋日期免检模式（相互独立运作，出站检票机扣费方式按照超程免检下的扣费方式处理）。

（3）超程免检模式＋进出站次序免检模式（相互独立运作，出站检票机扣费方式按照超程免检下的扣费方式处理）。

（4）时间免检模式＋日期免检模式（相互独立运作）。

（5）时间免检模式＋进出站次序免检模式（相互独立运作）。

（6）日期免检模式＋进出站次序免检模式（相互独立运作）。

（7）超程免检模式＋时间免检模式＋日期免检模式（相互独立运作，出站检票机扣费方式按照超程免检下的扣费方式处理）。

（8）超程免检模式＋日期免检模式＋进出站次序免检模式（相互独立运作，出站检票机扣费方式按照超程免检下的扣费方式处理）。

（9）时间免检模式＋日期免检模式＋进出站次序免检模式（相互独立运作）。

（10）超程免检模式＋时间免检模式＋日期免检模式＋进出站次序免检模式（相互独立运作，出站检票机扣费方式按照超程免检下的扣费方式处理）。

在组合模式下，车票按照模式的并集方式处理，即各个模式情况均单独作用。

二、降级运营模式时的设备表现

当自动售检票系统为降级运营模式时，其设备表现与正常运营模式时不同。设备主要表现如下：

（1）中央计算机系统工作站上要明显地显示该车站名称及模式，如字体或颜色闪烁等，以便进行监控。

（2）设置了该模式的车站计算机系统应在显著的位置用明显的文字或符号显示所设置的模式，并用明确的文字或符号显示车站内的哪些设备已进入该模式。

（3）在收到车站计算机系统下达的命令后，车站终端设备按模式要求进入相应的状态，按模式要求对车票进行处理。

三、各种降级运营模式的设置原则

(1)列车故障模式的设置原则:地铁发生运营故障,需在某站进行清客时;列车晚点,要求退票的乘客超过10人时。

(2)进、出站免检模式设置原则:车站的进站闸机全部故障且无法立即修复,或者由于车站出现大客流乘客拥挤,大量由本站进站的乘客未通过进站闸机时。

(3)时间免检模式设置原则:由于列车延误或时钟错误等地铁原因导致乘客手中的车票超时。

(4)日期免检模式的设置原则:由于地铁原因导致乘客手中车票过期。

(5)车费免检模式的设置原则:在接到行调有关"列车越站"的通知时。

(6)紧急模式的设置原则:车站出现危及乘客生命安全、需要及时疏散乘客出站的紧急情况时。

任务实施

降级模式是指在本级行车控制模式下不能工作时,自动或手动转换到下一级行车控制模式下,并维持运营的方式。一般来说,降级模式是比上一级模式功能降低、级别降低的一种方式。该方式有列车自动控制(ATC)系统降级、列车自动运行(ATO)/列车自动防护(ATP)系统降级以及电话闭塞法。

降级运营模式时,车票应该怎么处理呢?下文将分别对列车故障模式时、进/出站免检模式时、紧急放行模式时车票的处理程序进行讲解。

一、列车故障模式

当出现列车故障而使部分车站暂时中止运营服务时,暂停服务的车站需根据相关规定设置运营故障模式。

在此模式下,对车票的处理如下(相关资源见二维码37):

(1)对本站进站的单程票及乘次票不扣除车费或乘次,单程票不回收,并写入此模式的标志信息。

(2)对本站进站的其他类型车票不扣除任何费用,并写入出站码和此模式的标志信息。

二维码37

(3)对其他车站进站的单程票及乘次票不扣除车费或乘次,单程票不回收,并写入此模式的标志信息。

(4)对其他车站进站的其他类型车票不扣除任何费用,并写入出站码和此模式的标志信息。

模式结束后,所有车站的检票机对车票的处理如下:

(1)若单程票或计次票具有运营故障模式信息,并在规定时间段内(系统设置),则应允许在任何车站进站使用,出站时根据实际车费进行检查,车费不足应到售票/问询处(客服中心)进行超程更新处理。

(2)储值票等其他车票正常使用和扣费。

列车晚点处理程序如图7-18所示。

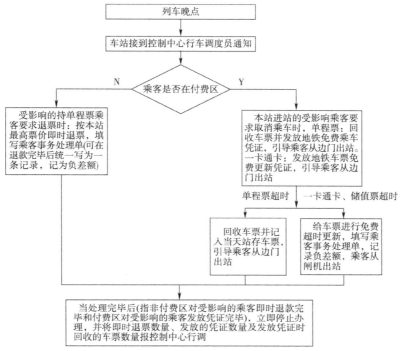

图7-18 列车晚点处理程序

 知识链接

【实例】降级模式

某日7:36北京地铁10号线牡丹园站道岔故障,影响牡丹园至健德门(下行)改降级模式行车,部分列车晚点,工作人员采取相应应急措施降低对运营秩序影响。

二、进/出站免检模式

当车站的进站闸机全部故障无法立即修复或由于车站出现大客流冲击时,允许乘客不通过进站闸机进站。此模式下对车票的处理如下:

(1)在设置此模式的车站,开放所有进站闸机,不检验任何车票,乘客可以直接进站。

(2)无进站信息的车票在其他车站或本站出站时,由出站检票机根据清分系统、线路中心计算机下载的设置信息,将其进站地点设为某进站车站,并按该免检模式进出扣费,对余额不足的车票要到售票/问询处进行超程更新处理。

(3)若有大于两个车站设置该模式,出站检票机按扣费最低的车费进行扣费。

(4)如果所有车站都设置为该模式,则对所有车票都不检查进出站次序,储值票将被扣除最短程车费,乘次票被扣除一个乘次,单程票不检查车票余值,只回收。

车站进出站免检模式的组织:车站值班站长安排车站员工打开边门,引导乘客凭票从边门进站,并上报控制中心行车调度员,由行车调度员通知其他车站,其他车站做好对乘客车票出站更新的准备工作。其他车站安排员工引导持单程票、储值票、一卡通卡的乘客到售票/问询处更新车票(按相应情况扣费),若车票超程则按规定收取超程费用后更新车票,乘客从闸机出站,持老人免费卡乘客从边门出站。

三、紧急放行模式

当车站出现危及乘客生命安全、需及时疏散乘客出站的紧急情况时,车站值班员或值班站长须立即通过车站计算机或车站控制室内的紧急按钮设置"紧急放行模式"。在"紧急放行模式"下,车站内所有闸机将不对车票进行处理,同时闸机的扇门全部打开,方便乘客紧急疏散,乘客不需使用车票,可直接快速离开车站。

在系统设置为紧急放行模式时,车站内的进站闸机都将显示"禁止进入"标志,同时所有的自动售票机自动退出服务;车站计算机将车站设置为紧急放行模式的信息传送到中央计算机,中央计算机将向其他车站广播这一信息,并记录被设置为紧急放行模式的时间。由于在此情况下,乘客不需要通过检票就可以离开车站,系统将允许这些车票在一段时间内能正常使用。例如,在设置紧急模式期间,在该车站购买的单程票能在所有车站使用,并可以乘坐车票票值相符的车程;在该车站进站的所有车票,在下一次进站时进站闸机将自动更新车票的进、出站标记,并不收取任何费用;在当天设置紧急模式前,在其他车站进站而没有出站码的所有车票,在下一次进站时进站闸机将自动更新车票上进、出站标记,并不收取任何费用。系统允许受影响车票在系统正常时间通过中央计算机设置,并下载到所有车站,超过系统规定的时间,这些车票只能通过半自动售票机更新。

当故障消除后,设备自动向上一级系统报告后进入正常运营模式或关闭模式。车站计算机系统保存相关的故障和修复信息,并形成相关的报表。

 任务评价

根据以上学习内容,评价自己对本模块内容的掌握程度,在下表相应空格里打"√"。

评 价 内 容	差	合格	良好	优秀
对不同类别票务运营模式的掌握程度				
对降级运营模式中设备表现及各种降级运营模式设置原则的掌握程度				
对不同降级运营模式下处理流程的掌握程度				
学习中存在的问题或感悟				

任务六　车站票务备品管理

 相关知识

城市轨道交通车站的票务工作流程复杂,手续严格,所需的备品种类繁多,并且需要专人看管,各种备品的申领使用,需要做好登记,借出须及时归还。车站中的票务备品主要有各种票务钥匙、验钞机、点卡机、电子计数器、硬币分拣计数机、便携式查询机(PTCM)(图7-19)等。相关资源见二维码38。

二维码38

图 7-19 便携式查询机（PTCM）

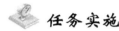

一、票务钥匙管理

票务钥匙指车站在开展票务工作时使用的钥匙。

票务钥匙主要有自动售票机维护门钥匙、半自动售票机维护门钥匙、自动检票机维护门钥匙、钱箱钥匙、票箱钥匙、回收箱钥匙、票柜钥匙、保险柜钥匙、票务室（点钞室）监视系统钥匙、票务室（点钞室）门钥匙、售票/问询处防盗门钥匙等。

由于票务钥匙的安全管理直接影响到车站车票、现金、设备的安全，在日常工作中，车站需严格按要求加强对票务钥匙的管理。为保证票务钥匙在各岗位之间交接过程中的安全，票务钥匙在保管人之间或在保管人与使用人之间交接时，车站需设置台账记录交接情况，详细记录钥匙名称、数量、交接双方人员姓名、时间、原因等；交接人员需根据书面台账凭证当面清点钥匙种类、数量，确认无误后填写交接台账。若交接时发现钥匙有误，交接双方需及时核查处理，不能及时查明原因的，需立即报告上级组织调查；票务钥匙借出时，借用人应负责钥匙的使用安全和保管，使用完毕应立即归还，并遵循"谁借用、谁归还"的原则，不得随意转借他人使用，每天运营结束后保管人需对所保管的钥匙进行清点，并确认全部归还。

票务钥匙一般设有备用钥匙，以便在工作人员不慎遗失或损坏钥匙时，车站能使用备用钥匙正常开展票务工作；备用钥匙一般情况下不得使用，需由站长与值班站长共同清点加封后交给站长保管。根据实际工作需要及收益安全管理需要，对于一些直接涉及收益安全的操作环节，需由双人掌握不同钥匙共同完成操作，以达到互相监控的目的。另外，车站在对票务钥匙的保管过程中需注意防止折断、重压，以避免钥匙损坏。

二、票务工具和器具的管理

在日常票务工作中，车站需要进行大量的现金和车票的清点及运送工作，为了提高车站票务工作效率，同时保障现金、车票清点工作的准确性，以及现金、车票及相关票务设备在运送途中的安全性，通常需要使用一些辅助工具和器具完成票务工作。

常见的票务工具和器具主要有保险箱（图7-20）、票务手推车（图7-21），点票机[图7-22a)]、点钞机[图7-22b)]、点币机[图7-22c)]、验钞机（图7-23）、配票、款箱（图7-24）等。

图7-20　保险箱　　　　　　图7-21　票务手推车

a)点票机　　　　　　b)点钞机　　　　　　c)点币机

图7-22　点票机、点钞机、点币机

图7-23　验钞机　　　　　　图7-24　配票、款箱

点钞机主要用于对车站所接收纸币的清点，可对所有面额的纸币进行清点，并能按照预先设置的数量自动停止清点，一般也具有验钞功能，当清点发现伪币时，能终止清点并发出报警提示。验钞机一般具有多种验钞手段，如荧光检测、红外穿透检测、磁性检测、激光检测等，通过对人民币的纸质、油墨的颜色与厚度、磁性、荧光字等各方面进行检测，以达到辨别真伪的目的。点币机和点票机分别用于对硬币及车票进行清点，具有速度较快、准确率高的特点。

票务手推车用于装运各种钱箱、票箱等贵重设备及现金、车票等有价证券，可锁闭，能极大限度保障设备及有价证券运送的安全性和方便性。

配票箱用于票务员日常工作中票卡、备用金、票款的收纳,票务员上岗前由票务室(点钞室)领出,下班前将其交还。

票务工具和器具的状态直接影响车站票务工作的安全、效率和质量,车站需按相关规定加强对票务工具和器具的管理,以保持工具和器具数量完整,状态良好。工具和器具配发到站后,车站需设置专门的工具和器具台账,用以记录工具和器具的保管、交接和使用情况,保管人员需根据书面台账凭证定期对所负责保管的所有票务工具和器具进行盘点,清点工具和器具的种类、数量,并检查确认状态是否良好,确保做到账实相符,状态良好。

票务室(点钞室)内的票务工具和器具由车站当班客运值班员全权负责保管。售票/问询处的票务工具和器具由当班票务员全权负责保管。车站在使用工具和器具过程中需注意保持工具与器具的清洁,爱护票务工具和器具,并注意避免其受损。

任务评价

根据以上学习内容,评价自己对本模块内容的掌握程度,在下表相应空格里打"√"。

评价内容	差	合格	良好	优秀
对车站票务备品管理内容的掌握程度				
对车站票务备品管理流程的掌握程度				
学习中存在的问题或感悟				

任务训练单

班级:　　　　姓名:　　　　训练时间:

任务训练单	票务管理相关作业
任务目标	掌握票务管理作业流程,能进行票据与台账管理,并能够进行自动售检票系统现金管理和福利票换发管理,掌握票务系统不同运营模式下的处理
任务训练 任务训练说明:请从下列任务中选择两个进行训练 车站交接班工作、核对工作、票务检查工作、报销凭证管理、台账管理、现金日常管理、现金交接管理、假钞的处理、福利票换发管理、列车故障模式下的处理、进/出站免检模式下的处理、紧急放行模式下的处理	
任务训练一: (说明:总结作业流程,并在实训室进行实操训练或者上机在模拟软件上完成实操训练)	
任务训练二: (说明:总结作业流程,并在实训室进行实操训练或者上机在模拟软件上完成实操训练)	
任务训练的其他说明或建议:	
指导老师评语:	
任务完成人签字:　　　　　　　　　　　　　　　　　　　日期:　　年　　月　　日	
指导老师签字:　　　　　　　　　　　　　　　　　　　　日期:　　年　　月　　日	

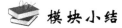 **模块小结**

本模块介绍了与票务管理相关的作业,票务管理作业、票据与台账管理、自动售检票系统现金管理、福利票换发管理、票务运营等。要掌握这些作业,必须要掌握相关的基础知识,票务台账种类及填写要求、现金日常安全管理及交接管理、备用金管理、假钞管理、福利票换发、票务运营模式等。

车站票款主要有自动售票机售票收入、自动充值机储值票充值收入、售票/问询处半自动售票机售票和充值收入、临时售票/问询处售票收入等。对于车站的票款收入,要求每日运营结束后进行清点、登记、系统录入、封装和解行。

系统运营模式包括正常运营模式、降级模式和紧急模式。正常模式由系统默认,系统降级模式包括车费免检模式、进出站次序免检模式、时间免检模式、日期免检模式等。

 模块自测

一、填空题

1. 参与票务管理作业的工作岗位有_____、_____、_____、_____四类。
2. 需要进行清洗的票卡包括_____、_____。
3. 车站现金只能存放于专门的安全管理区域,主要包括_____、_____、_____和_____。
4. 自动售检票系统(AFC)的现金交接主要有_____间的现金交接及_____间的票款交接等。
5. 车站票款主要有_____、_____、_____、_____等。
6. 系统运营模式包括_____、_____和_____。
7. 正常模式由系统默认,系统降级模式包括_____、_____、_____、_____等。

二、简答题

1. 值班站长票务工作职责有哪些?
2. 车站自动售检票综合业务员票务工作职责有哪些?
3. 票务员的票务工作职责有哪些?
4. 票务员的作业流程和工作注意事项有哪些?
5. 车站交接班有什么要求?
6. 票务检查有哪些规定?
7. 票务台账有哪些种类?
8. 自动售检票系统现金日常安全如何管理?
9. 自动售检票系统先进交接如何管理?有哪些规定?
10. 如何申领备用金?
11. 遇到假钞应该进行如何处理?
12. 当遇乘客持非有效证件执意换取福利票时,车站工作人员的应对要点有哪些?
13. 票务运营模式有哪些?
14. 票务员每天要收付多笔现金,当日班次结账难免会出现账实不符的情况。当现金实存数大于账面数即为长款,现金实存数小于账面数即为短款。大家想一想,票务员在班次结算中出现长款的现象时,应如何处理?

附录 自动售检票系统常用缩略语英汉对照表

缩写	英文解释	中文解释
ABS	—	丙烯腈-丁二烯-苯乙烯塑料
ACC	AFC Clearing Center	自动售检票系统清算管理中心
AE	Assistant Equipment	辅助设备
AFC	Automatic Fare Collection	自动售检票系统
AG	Automatic Gate	自动检票机(闸机)
AVM	Adding Value Machine	自动充值机
ATC	Automatic Train Control	列车自动控制
ATO	Automatic Train Operation	列车自动运行
ATP	Automatic Train Protection	列车自动防护
BOM	Booking Office Machine	半自动售票机
CAD	Card Acceptance Device	卡读写设备
DCU	Door Control Unit	闸门控制单元
ECU	Equipment Control Unit	主控制单元
E/S	Encoder / Sorter	编码分拣机
FCA	—	模糊综合评价
GUI	Graphical User Interface	图形用户界面
ID	ID entification	员工号
ISAM	Issuing SAM	发行 SAM 卡
LC	Line Center	线路中央计算机系统
MTP	Maintenance Panel	维修面板
OCT	One Card Through	一卡通
PET	—	聚对苯二甲酸乙二醇酯
PIS	Passenger Information System	乘客信息系统
PTCM	Portable Ticket Check Machine	便携式检票机
PVC	—	聚氯乙烯
SAM	Security Access Module	安全存取模块
SC	Station Computer	车站计算机管理系统
SVT	Stored Value Ticket	储值票
TC	Training Center	培训中心计算机系统
TCM	Ticket Check Machine	自动查询机
TCU	Ticket Capture Unit	车票回收模块
TIU	Ticket Issue Unit	车票发售模块
TMS	Ticket Management System	票务管理系统
TVM	Ticket Vending Machine	自动售票机
UPS	Uninterrupted Power Source	不间断电源

参 考 文 献

[1] 于涛.城市轨道交通票务管理[M].2版.北京:人民交通出版社,2012.
[2] 裴瑞江.城市轨道交通客运组织[M].北京:机械工业出版社,2009.
[3] 上海申通地铁集团有限公司轨道交通培训中心.城市轨道交通概论[M].北京:中国铁道出版社,2009.
[4] 刘莉娜,于涛,高蓉.城市轨道交通客运组织[M].北京:人民交通出版社,2010.
[5] 周顺华.城市轨道交通设备系统[M].北京:人民交通出版社,2009.
[6] 赵时旻.轨道交通自动售检票系统[M].上海:同济大学出版社,2007.
[7] 陈鹏辉.城市轨道交通自动售检票系统的现状与发展趋势[J].城市轨道交通研究,2009(5).
[8] 张宁,何铁军,王健.城市轨道交通系统票种设置及票务规则研究[J].武汉理工大学学报(信息与管理工程版),2008,30(1):78-82.
[9] 宋亚娜,张宁,何铁军.轨道交通储值票票卡结构与操作流程研究[J].城市轨道交通研究,2014,17(1):65-68.
[10] 李书庆,李楠,杜晓明.我国城市轨道交通运营管理模式探讨[J].河南建材,2010(6):54-54.
[11] 孙仕明,李攀科.城市轨道交通票务管理[M].北京:清华大学出版社,2015.
[12] 欧莉.简析地铁车站票务管理[J].现代城市轨道交通,2011(2):69-72.
[13] 杨亚,张燕.城市轨道交通票务组织[M].北京:电子工业出版社,2014.
[14] 何静,刘志娟,朱海燕.城市轨道交通运营管理[M].北京:中国铁道出版社,2013.